CW00673511

Basque for English Speakers:

ISBN: 978-1-988830-13-1

This book is published by Bermuda Word. It has been created with specialized software that produces a three line interlinear format.

Please contact us if you would like a pdf with different font, font size, or font colors and/or less words per page!

LEARN-TO-READ-FOREIGN-LANGUAGES.COM

Notes on the translation

For the most part, each word has been translated literally and you can see its translation underneath the Basque word. Occasionally, when we thought it wouldn't be clear from context what a phrase meant or when the individual words are only used as a set phrase and never in isolation (think of the French parce que or et cetera in English), we've provided an idiomatic translation as well. These appear underneath the literal translations.

It's not imperative that you understand every single word or grammatical meaning, at least not at first, as you read through the story you will start to pick up on the patterns and things will begin to clear up. Ideally, you would read through the book several times -- after each repetition you should find that you have to rely on the literal and idiomatic translations less and less.

In this Basque translation specifically, there are a few styles we've used to try to make it easier to piece together. Because of how different Basque word order is from English and most other commonly studied languages, it can be difficult to piece together a meaningful translation from the individual parts. Here are a few common patterns you'll see in the English translation which should hopefully help you make sense of the texts:

1. **Words with a hyphen**
   Generally, when a translation has a hyphen, that means that it modifies the following word. For example:
   comes-that / (a) mythology
   This is actually *a mythology that comes*.
   Looking at the full sentence:
   Basque / Mythology / from prehistory / comes-that / (a) mythology / is
   ... we get "Basque Mythology is a mythology that comes from prehistory."
   Another example is:
   seeing-of / way
   This should be translated as *way of seeing*.
2. **Words with parentheses**
   In Basque, the case ending is usually only attached to the last word in the phrase, the other words are in what is known as mugagabe, literally "without ending". Sometimes the words in

parentheses are just a hint to make the meaning of the phrase in English a bit clearer, but often it's because the case wasn't marked until the end of the phrase but it makes more sense to place it up front in English. Let's look at some examples:

- (in) her / inside
  The "in" case is attached to "inside" (*barnean*), but it is clearer to put it up front in English.
- (the) Sun / Grandmother / and / Moon / Grandmother / gods
  The definte article "the" is actually part of "gods" (*jainkoak*).
- explanation(s) / and / answer(s) / all
  The plural marker is on the last word "all" (*guztiak*).

Notes on Basque Grammar

1. Word order

Word order in Basque is quite different from English. Often times the verb comes at the end of the sentence and Basque is sometimes called an SOV (Subject-Object-Verb) language, however this order is not fixed.

Generally, the most important information will come before the verb and whatever is being stressed comes directly before the verb. If it's the verb itself that is being stressed, *egin* (do) is added after the verb so that it can receive the focus of the sentence. For synthetic verbs (verbs which have their own conjugation), we can also place 'ba' in front of the verb. So *dakit* (I know) from the verb *jakin* (to know) becomes *badakit*.

Another confusing bit for English speakers is how relative clauses are formed. In Basque, you often add an *n* to the main verb of the phrase, unless it already ends in an *n* (such as past tense verbs), and this converts that phrase into something of an adjective. For example, look at this phrase:

Gizona joan da.
The man has gone

...If we want to say "The man who/that has gone" we need to turn "joan da" into an adjective:

Joan den gizona
Has gone-that man (The man who has gone)

Many times you'll find a series of phrases like this stringed together, often with cases added to them (*joan den gizonarekin* -

with the man who has gone) and it can get a bit confusing, but if you take your time and read through the sentence a couple times and check out our literal and idiomatic translations, you should be able to piece them together. And as you read through the book and its individual stories multiple times, it'll get easier!

2. Cases

Like many languages, Basque has a system of cases. There are quite a few cases, but fortunately they are very regular. Each case generally has four forms, singular, plural, *mugagabe/* indeterminate, and proper nouns. The singular, *mugagabe*, and proper noun forms may add an 'e' if the last letter in the stem is a consonant. Also, it's generally only the last word in a phrase which gets the case, the rest are left without any ending. So to say "with the beautiful man", we only need to put the last word in "norekin": *gizon ederrarekin* (and not *gizonarekin ederrarekin*).

Let's look at a chart of the most common cases and then discuss what exactly each case is used for:

	Singular	Plural	Mugagabe	Proper Nouns
nor	-a	-ak	--	--
nork	-ak	-ek	-(e)k	-(e)k
nori	-ari	-ei	-(r)i	-(r)i
noren	-aren	-en	-(r)en	-(r)en
norentzat	-arentzat	-entzat	-(r)entzat	-(r)entzat
norekin	-arekin	-ekin	-(r)ekin	-(r)ekin
nola	-az	-ez	-(e)z / -(e)taz	-(e)z
non	-(e)an	-etan	-(e)tan	-(e)n
nora	-(e)ra	-etara	-(e)tara	-(r)a / -era
nondik	-(e)tik	-etatik	-(e)tatik	-tik / -dik
nongo	-(e)ko	-etako	-(e)tako	-ko / -go

- **nor** - This is the neutral case. It is generally translated as *the* but sometimes it makes more sense to translate it as *a*. Direct objects and subjects of transitive verbs take this case.
- **nork** - Also known as the ergative case. This shows the subject of a transitive verb. In Basque, you mark the subject of the verb, not the direct object (accusative) like you would in German or Russian.
- **nori** - The dative case. Shows the indirect object, often translated as *to* in English. It's also commonly used with

non-transitive verbs, similar to Spanish:

me gusta → *gustatzen zait*

"she/he/it is pleasing to me" (I like it/him/her)

se me ha muerto el gato → *katua hil zait*

"to me the cat has died" (my cat has died)

○ **noren** - The genitive case. Shows possession, similar to English *'s* or *of*.

○ **norentzat** - The benefactive case. Almost always translated as *for*. It shows who something is for, who or what it was intended for.

○ **norekin** - The comitative case. Generally can be translated as *with* when talking about company (being with someone) and not what you used to do something, which is our next case.

○ **nola** - The instrumental case. This shows what you use to do something. It's also used with languages to say *in X language*, eg. *euskaraz* (in Basque) or *ingelesez* (in English). Another use is with the meaning of *about*, eg. *zutaz hitz egin* (to talk about you).

○ **non** - The inessive case. This talks about where and when. It usually means *in*, *at*, or *on*, though it's often left untranslated in English when talking about times.

○ **nora** - The allative case. This case answers the question "to where?" You'll generally translate it as *to* when referring to a direction, going someplace.

○ **nondik** - The ablative case. This case answers the questions "from where?" and "since when?" and can usually be translated as *from* or *since*. It also can be used to show which way you are going, in which case it usually takes the meaning of *through* or *by*.

○ **nongo** - This is another genitive case, but is used for places. This case can be a bit confusing and it can be difficult to decide which one to use, but in general we use this case when talking about a place or time, such as *goizeko hamarrak* (ten of the morning, 10am) or *kotxeko giltzak* (keys of the car, car keys). It's also frequently used to talk about where a person or thing is from, eg. *Bilboko taberna bat* (a "Bilbao" bar, a bar in Bilbao) or *Nafarroakoa naiz* (I am of Navarre, I'm from Navarre).

3. **Verbs**

The Basque verb system is infamous for being complex. It's not really that complex once you start to get familiar with it, but there are a lot of forms and it can take a long time to get used to them. I recommend finding a Basque verb chart (such as this one from Wikipedia) and either printing it out or keeping it handy on your phone/computer. Luckily, most verbs in Basque aren't usually conjugated, they use an auxiliary verb along with the participle.

The participle has three main forms, the perfect stem (*egin, hartu, ikusi*), which is the dictionary form, the future stem (*egingo, hartuko, ikusiko*), and the imperfect stem (*egiten, hartzen, ikusten*). These combine with the auxiliary verb to give us a flexible range of tenses.

The auxiliary verb has a few different types, depending on what kind of verb it is. Verbs are generally split into transitive verbs, whose subject takes the ergative/nork case, and intransitive verbs, whose subject takes the absolutive/nor case. Intransitive verbs take the auxiliary verb *izan* and transitive verbs take the auxiliary *ukan*. Let's look at the intransitive verbs first.

Intransitive Verbs

nor
These are your standard intransitive verbs. They have a subject but no object, such as *joan* (to go), *etorri* (to come), and *jaiki* (to get up). The auxiliary verb only tells us the subject, ie. who's performing the action. The *nor* auxiliary verb looks like this in the present tense:

naiz
haiz
da
gara
zara
zarete
dira

nor-nori
These verbs have a subject and an indirect object, but no direct object. We don't have many of these kinds of verbs in English, but they are more common in Basque. If you know some Spanish, many of these verbs should feel familiar to you. First, let's look at the present tense forms:

natzai	t
hatzai	k/n
zai	o
gatzaizki	gu
zatzaizki	zu
zatzaizki+te	zue
zaizki	e

The most common forms you will see are the *zai-* and *zaizki-* forms. These are the third person singular and plural forms. The form on the left tells us the subject (the *nor*) and the form on the right tells us the indirect object (the *nori*). An example might help clear this up:

> *gustatzen zatzaizkit*

> be pleasing / you are to me (I like you)

...*gustatu* is the verb *to be pleasing, to like*. We can see that the subject is *you* because of the *zatzaizki-* (you) form. We can tell who the indirect object is from the *-t* (to me) form. It is confusing at first, but once you get used to it, it's interesting just how much information can be put into one little verb!

Transitive Verbs

nor-nork

These are your standard transitive verbs. They have a subject and an object, verbs like *ikusi* (to see), *erosi* (to buy), and *jakin* (to know). The auxiliary verb tells us who the subject is, ie. who's performing the action, and who/what the object is, ie. who's receiving the action. Here's the *nork* auxiliary verb in the present tense (the left side is the object/*nor* and the right side is the subject/*nork*):

nau	t
hau	k/n
du	o
gaitu	gu
zaitu	zu
zaituzte	zue
ditu	(z)te

The most common forms you will see are the du/ditu forms. Let's analyze a few examples:

1. *etxea ikusi duzu*

   the house / seen / it you have (I saw/have seen the house)

   ...*du-* tells us that the object is 3rd person singular (referring to the house) and *-zu* that the subject is *you*.

2. *entzun zaitut*

   heard / you I have (I heard/have heard you)

   ...*zaitu-* tells us that the object is 2nd person singular (*you*) and *-t* that the subject is *I*.

3. *sagarrak erosi dituzte*

   apples / bought / them they have (I bought/have bought apples)

   ...*ditu-* tells us that the object is 3rd person plural (referring to the apples) and *-zte* tells us that the subject is also 3rd person plural *they*.

nor-nori-nork

These verbs contain quite a bit of information, they have a subject, an indirect object, and a direct object. These are often verbs of giving, showing, and telling, like *esan* (to say), *eman* (to give), and *erakutsi* (to show). Let's look at the present tense forms:

	t/da	t
	k/n	k/n
	o	-
di(zki)	gu	gu
	zu	zu
	zue	zue
	e	te

The *t/da* just means that if there's anything after it, the *t* changes into *da*. So we say *esan dit* (he/she told me) but *esan didazu* (you told me). Here are a couple examples:

1. *mutilek esango dit*

   the boy / will tell / it to me (the boy will tell me)

   ...*di-* tells us that the object is 3rd person singular, *-t-* tells us that *I* am the indirect object, and the empty ending tells us that the subject is 3rd person singular, the boy.

2. *argazkiak erakutsi dizkizut*

   pictures / shown / them to you I have (I showed/have shown you the pictures)

   ...*dizki-* tells us that the object is plural (picture*s*), *-zu-*

tells us that the indirect object is *you*, and -*t* tells us the subject is *I*.

3. *giltzak eman dizkidate*
   keys / given / them to me they have (they gave/have given me the keys)

   ...*dizki*- tells us we have a plural object (the keys), we have -*da*- instead of -*t*- because it's not the end of the word and it tells us that *I* is the indirect object, and lastly -*te* tells us that the subject is 3rd person plural *they*.

Negative Sentences

Negative sentences are formed with the word *ez* (no). When we negate a sentence, the order changes a bit, generally sending the participle to the end of the phrase:

Galtzak eman dizkidate → *Ez dizkidate galtzak eman*
Etxea ikusi duzu → *Ez duzu etxea ikusi*

If you are new to studying Basque, we hope these tips help you get a better grasp on Basque word order better and make the cases more accessible. This is by no means a comprehensive grammar of the language, but we hope it's enough to get you started! If you have any questions about the text or the translation, please get in touch, we'd be happy to answer your questions. We hope you enjoy learning Basque and learning about the incredible world of Basque mythology!

Table of Contents

Ezaugarri nagusiak

Ea   ba,   Euskal   mitologiaren
Let's see   then   Basque   mythology's

nolakoa   den   ulertzeko,   lehenik,   mitoa   eta
what kind   is   in order to understand   first   myth   and
in order to understand what (it) is like

mitologia   zer   den   argitzea   komeni   zaigu.
mythology   what   is   to clarify   convenient   is to us
is advisable for us

Mitoek   gizakiak   dituen   galdera   sakonenei   eta
Myths   mankind   has-that   (to the) question(s)   most profound   and

bere   inguruan   sortzen   zaizkion   gertakari
(in) his   surroundings   emerge   to him-that   (to) happening(s)
around him

ulertezinei   erantzuna   ematen   diete.
incomprehensible   answer   give   to them

Bizitzaren   misterioak   eragiten   duen   jakin-min   eta
Life's   mystery   bring about   does-that   curiosity   and
the mystery of life

egon-ezinari   erantzuten   die   eta   bere   inguruko
anxiety-to   answer   to them   and   its   around
(it) answers   around him

fenomeno   naturalei   azalpena   ematen   die.
phenomenon   natural-to   explanation   give   to them
to the natural phenomena   (it) gives

Azalpen   eta   erantzun   guztiak   era   fantastikoan
explanation(s)   and   answer(s)   all   (in a) manner   fantastical
in a fantastical manner

ematen   dira.   Gizakiaz   gaindiko   ahalmenak   dituen   jainko
give   are   human   super   abilities   have-that   god(s)
take place   superhuman

edo pertsonaia mitologikoek parte hartzen dute
or character(s) mythological part take do
(they) take part

azalpen horietan.
(in) explanation(s) these

Euskal mitologia historiaurreko garaietatik datozen
Basque mythology (from) prehistorical times come-that
(beliefs) that come from prehistorical times

sinesmen, pertsonaia mitiko eta elezaharren multzoak
belief(s) character(s) mythical and legends' group
mythical characters (group of)

osatzen dute.
make up do
make up

Historiaurretik, euskaldunek mundu mitologiko bat
Since prehistory Basque people world mythological a

eraikitzen joan dira; bertako sinesmenekin batera
building gone have (with) native beliefs at the same time
have been building

kanpoko eragin asko jasoz eta bereganatuz. Baina,
foreign influence(s) many picking up and appropriating But
many foreign influences

oro har, Euskal Herriko mitologiak
in general (the) Basque Country's mythology

ezaugarri propioak dituen mitologia bat da.
characteristic(s) (its) own has-that mythology a is
its own characteristics

Euskal mitologiaren ezaugarri nagusiak hauek dira,
Basque mythology's characteristic(s) main these are

nire aburuz:
(in) my opinion
in my opinion

2

1 Antzinatasuna
1 Antiquity

Euskal mitologia historiaurretik datorren mitologia da.
Basque mythology from prehistory comes-that (a) mythology is

Mitologiak, berez, gizakiak mundua ikusteko modua
Mythology by its very nature mankind the world seeing-of way
way of seeing the world

islatzen digu, eta gure mitologiak gizaki prehistorikoaren
reflects to us and our mythology mankind prehistoric's
shows us

ikuspegia nabarmenki adierazten digu.
perspective in an obvious way expresses to us

2 Izaera lurtarra.
2 nature terrestrial

Ama Lurra da jainko nagusia eta Mari, bere
Mother Earth is (the) goddess main and Mari her
the main god

pertsonifikazioa, pertsonaia mitologiko guztien nagusia da.
personification character(s) mythological all-of master is

Elezaharrak diotenez Eguzki Amandre nahiz Ilargi
(the) legends as they say (the) Sun Grandmother and Moon
as the legends say

Amandre jainkoak Ama Lurraren alabak dira, eta
Grandmother gods Mother Earth's daughters are and

bere barnean bizi dira.
(in) her inside live do
inside her they live

3 Emakumezkoaren nagusitasuna.

3 women's / female — superiority

Lehen aipatu dugun bezala, euskal unibertso
First — mentioned / we have (we have mentioned) — like — (in the) Basque — universe

mitologikoan emakumea da nagusi. Jainko nagusiak,
mythological — the woman — is — master — (the) god(s) — main

Ama Lurra eta Mari emakumezkoak dira, eta Eguzki
Mother — Earth — and — Mari — women — are — and — Sun

Amandrea eta Ilargi Amandrea ere bai.
Grandmother — and — Moon — Grandmother — also — yes (as well)

4 Izaera baketsua.

4 Nature peaceful

Euskal mitologian jendeari
(in) Basque — mythology — to the people

beldurra eragiten dioten pertsonaia gaiztoak
fear — cause — to (the people)-that (that cause (the people) fear) — character(s) — bad

badira, jakina, baina ez da ageri guda edo borroka
there are — of course — but — not — is — evident (no (war) appears) — war — or — fight

ospetsurik gure elezaharretan, ez beraien artean
famous — (in) our — legends — neither — their — between (amongst themselves)

ez eta pertsonaia mitologiko eta gizakien artean.
not and (nor) — character(s) — mythological — and — humans' — between

4

5 Gizakiarekiko hurbiltasuna
5   mankind-with   closeness

Jainko   eta   pertsonaia   mitologikoek   gizakiaz   gaindiko
god(s)   and   character(s)   mythological   human   super
                                             superhuman

dohainak   dituzte   eta   gizakiak   horienganako   miresmena
gifts   (they) have   and   mankind   those-towards   admiration
                                     admiration for them

du,   baina,   hala   ere,   badituzte   harremanak
has   but   that way   also   they have   relationships
               nevertheless

beraien   artean.   Harreman   hauek   elezahar   askotan
their   among   relationship(s)   these   (in) legend(s)   many
amongst each other   in many legends

agertzen   zaizkigu.
appear   to us

6 Naturarekiko harremana
6   nature-with   relationship

Antzinako   euskaldunak,   herri   primitibo   guztiak   bezala,
Ancient   Basque people   people(s)   primitive   all   like
                         like all primitive peoples

naturarekin   orekan   bizi   ziren,   naturaren   parte   ziren,
with nature   in balance   lived   did   nature-of   part   they were
                 they lived   part of nature

eta   natura   osotasunean   gurtzen   zuten.   Mari,
and   nature   in (its) totality   worshipped   they did   Mari
                     they worshiped

Ama   Lurraren   errepresentazio   den   jainko   nagusia,
Mother   Earth's   representation   is-that   (the) god   main
         (the main god) that is Mother Earth's representation

naturaren jainkoa da, naturan oreka mantentzen du,
nature-of god is in nature balance maintains does
the god of nature (she) maintains

fenomeno naturalak sortzen ditu eta naturaren zikloa
phenomenon natural creates does and nature's cycle
(phenomena) she creates

irudikatzen du (sorkuntza-bizitza-heriotza).
symbolizes does birth-life-death
(she) symbolizes

7 Ahozko transmisioa.
7 Oral transmission

Haitzulo atariko sutondoan elezaharrak irudikatzen eta
cave entrance-of in the fireplace legends symbolized and
at the fireplace at cave entrances

kontatzen hasi zirenetik orain dela gutxi arte
told (since they) began to be now that is little until
since (legends) began to be until not long ago

baserrietako sukaldeko sutondoetan kontatzen ziren arte,
farmouses' kitchens' in the fireplaces told were until
in the fireplaces of farmhouse kitchens they were told

milaka urteren zehar, belaunaldiz belaunaldi,
thousands of years' through generation generation
over a period of from generation to generation

euskaldunok mundu mitologiko bat
(we) Basques world mythological a

sortu eta transmititu dugu. Transmisioa hau,
created and passed on have Transmission this
(we Basques) have created and passed on

milaka urtez ahoz-aho egin da eta
(for) thousands of years from mouth to mouth done has been and

euskaraz egin.
in Basque done
done in Basque

Antzinako Euskal Jainkoak

Euskal
(in the) Basque

Herriko
Country's

elezaharretan
legends

Lurra,
the Earth

Ama-Lurra,
Mother-Earth

agertzen
appears

zaigu
to us

jainko
god

nagusi
main

legez.
as

as the main god

Izaki
creature(s)

guztien
all-of

bizilekua
the place of residence
the home

eta
and

babesa,
protection
(of all creatures)

berezko
(her) own

bizitza
life

indarra
force

duena
having

eta
and (being)

natura
nature

guztiaren
all-of

sortzailea.
the creator

the creator of all nature

Landareen
plants'

eta
and

animalien
animals'

izatea
being

berak
she

ziurtatzen
ensures

du,
does

she ensures

eta
and

gizakioi
to us humans

ere
also

berak
she

eskaintzen
offers

she also offers us human beings

digu
to us

beharrezko
(the) necessary

elikagaia
foodstuff

eta
and

bizilekua.
(a) place to live

Lurra
The Earth

ontzi
container

erraldoi
giant

bat
a

da,
is

ontzi
container

mugagabe
limitless

bat;
a

non
where

hildakoen
the dead's

arimen
soul(s)

souls of the dead

eta
and

pertsonaia
character(s)

mitologiko
mythological

gehienak
most

bizi
live

dira.
do

they live

Marik,
Mari

euskal
Basque

mitologiako
mythology's

pertsonaia
character

garrantzitsuenak,
most important

berebiziko
extraordinary

harremana
relationship

du
has

lurrarekin.
with the earth

Sinismen
(in the) belief(s)

zaharretan
old

Ama-lurraren
Mother-Earth's

pertsonifikazioa
personification

izan
been

zitekeen.
could have

she could have been

Bere — Her
bizilekua — place of residence
lur — earth
barnea — inside
the inside of the earth
da, — is
hain — so
zuzen — straight
precisely
ere, — also

haitzuloetan — in caves
bizi — lives
baita. — since she does
as she lives

Eguzkia — the Sun
eta — and
Ilargia — the Moon
Ama-Lurraren — Mother-Earth's
alabak — daughters
direla — are-that
that (they) are Mother-Earth's daughters

azaltzen — explain
dute — do
(the old beliefes) explain
sinesmen — (the) belief(s)
zaharrek. — old
Egunero, — every day

bere — their
ibilbidea — way
egin — making
ondoren — after
after making their way
amaren — (in their) mother's
barnean — inside
inside mother

aurkitzen — find
dute — they do
they find
babesa. — protection

Eguzkia — the Sun
edo — or
Eguzki-Amandrea — Sun-Grandmother
ere — also
jainko — goddess
garrantzitsua — important

izan — be
da — was
euskaldunentzat, — for the Basques
berak — she
ematen — gives
du — does
gives
beroa — heat
eta — and

argia, — light
eta — and
bere — her
menpe — under control
under her control
dago — is
lurrean — earth-on
bizitza; — life
eguraldi — weather

ona — good
edo — or
txarra, — bad
uzta — harvest
oparoa — abundant
edo — or
eskasa. — scarce
Baina — but

horrez — that
gain, — above
apart from that
lurrazpiko — (over the) underground
jeinuengan — spirits
botere — (a) power
handia — big

du; — (she) has
eguna — The day
argitzean — upon lighting up
bere — (to) their
bizilekura — place of residence

8

erretira arazten baititu.   Eguzki izpiek
retire forces (them) to since she does (when the) Sun rays
  as she forces them to retire

harrapatzen dituztenean zenbait jeinuk eta aztik,
catch   them   some spirits and magicians

boterea eta dohainak galtzen dituzte. Horregatik,
(their) power and talents lose them For that reason
        they lose

Eguzkiaren boterea irudikatzen duen eguzkilorea
the Sun's power represents does-that sunflower
   the Eguzki Lore, which represents the Sun's power

jartzen da   baserriaren   sarrerako atean, jeinu
placed is (on) the farmhouse's entrance-of door spirit(s)
 is placed   on the entrance door

gaiztoak uxatzeko.
bad   in order to scare

Ilargia edo   Ilargi-Amandrea   ere Lurraren
the Moon or Moon-Grandmother (Grandmother Moon) also Earth's

alaba da, eta antzinako euskaldunentzat garrantzi
daughter is and (for the) ancient Basques importance

handia izan behar zuen, zeren, eguzkia
great had must did because the sun
    must have had

jaungoikoaren begi bezela agertzen bazaigu, Ilargia
the god's eye as appears to us the Moon
 as the god's eye

jaungoikoaren aurpegi legez hartzen da.
the god's face as taken is
 as the god's face   is taken

Hildakoen	arimak		argiztatzen	omen	ditu	Ilargiak.
The dead's	souls		illuminates	they say	does	Moon

the souls of the dead · it is said that (Moon) illuminates

Hain	zuzen	ere,	batzuk	diotenez,	Ilargi	hitzak	hilen
so	straight precisely	also	(as) some	say	Moon	the word	death's

the word "moon"

argia	esan	nahi	omen	du.
light	say	want	supposedly	does

they say (it) means

Ortzi	edo	Ostri	hodeien	gainetik	dagoen	zeru	edo
Ortzi (Sky)	or	Ostri (Sky)	clouds-of	above	is-that	(the) heaven	or

(the heaven) that is above the clouds

izartegia	adierazteko	erabiltzen	da	euskaraz,	eguzkia,
firmament	to express	used	is	in Basque	the sun

is used

ilargia	eta	izarrak	agertzen	zaizkigun	lekua.
the moon	and	the stars	appear	to us-that	the place

the place where (they) appear to us

Eskandinaviako	Thor	jainkoaren	antza	du,	eta
from Scandinavia the Scandinavian	Thor	god's	appearance	she has	and

litekeena	da	zeltiarrek	guregana	ekarritako	jainkoa
the most probable what is most likely	is (that)	the Celts	to us	brought	(a) god

a god (the Celts) brought to us

izatea.
it is

Aztertu	ditugun	jainkotasunei	gainbegiratuz,
analyze	we have-that	to the divinities	glancing

taking a look at the divinities (we have analyzed)

antzinako	euskaldunen	kosmologiaren	irudikapen	bat
(the) ancient	Basques'	cosmology-of	illustration	an

an illustration of (ancient Basques') cosmology

islatzen da. Erdigunean Lurra dugu, bizitzaren oinarri
reflected is in the center the Earth we have life's foundation
is reflected

eta bizileku, eta bere inguruan Ortzia, Eguzkia eta
and home and (in) its surroundings Sky Sun and
around it

Ilargia. Egunero, Eguzkia eta Ilargia
Moon Everyday Sun and Moon

amaren barnetik, Lurraren sabeletik, Ortzian
(from) mother's inside (from) Earth's womb in the sky
from inside their mother from Earth's womb

ibilbidea burutzen dute, ondoren, amarengana itzultzeko
a route carry out they do afterwards towards mother to go back
they do

berriro. Mari berriz Natura eta fenomenu natural
again Mari on the other hand Nature and phenomenon natural
(phenomena)

guztien pertsonifikazio espirituala da. Euskaldunek
all-of personification spiritual is The Basques

begi aurrean zuten guztia gurtzen zuten,
(their) eye(s) in front of they had-that everything worshipped did
in sight everything that they had they worshipped

bere unibertso guztia: lurra, ortzia, eguzkia, ilargia eta
their universe entire earth sky sun moon and

natura.
nature

Elezaharrak dioenez, Lurran iluntasuna nagusi zenean,
(as) legend says in Earth (when) darkness master was
on Earth

gizakiak Ama-Lurrarengana erreguka zuzendu ziren
humans to Mother Earth praying directed themselves
(with prayers)

mehatxatzen zituzten izpiritu eta numenen aurka
threatened them-that spirit(s) and numens' against
(the spirits) that threatened them against the spirits and numens

borrakatzen laguntzeko. Ama-Lurrak erreguak entzunez,
fight in order to help Mother-Earth prayers upon hearing

bere alaba sortu zuen, Ilargia. Gizakiak bere argia
her daughter created did the Moon Men her light
(she) created

eskertu zuten, baina haren argia ez zen nahikoa
thanked did but her light not was enough
gave thanks for

gaizkiaren aurka borrokatzeko. Orduan, gizakiek,
evil's against to fight Then men
against evil

ostera ere, Ama-Lurrari argi gehiago zuen eta
again also to Mother-Earth light more had-that and
once again (something) that had more light

iluntasuna garai zezakeen zerbait
the darkness defeat could-that something
(something) that could defeat

eskatu zioten. Ama-Lurrak orduan bere beste
asked for they did Mother-Earth then her other
(men) asked (Mother Earth) for

alaba sortu zuen, Eguzkia; eta era honetan eguna
daughter created did the Sun and (in) way this the day
created in this way

jaio zen. Harrezkero, egunez izpiritu txar
born was From then on during the day spirit bad
was born

batek ere ez zituen gizakiak mehatxatu. Baina, Eguzkia
one also not did men threatened But the Sun
not even one threatened men

Lurraren mugaldean zegoen... Itsasgorrietan
(in) Earth's border area was (when) in high tides
on the border of the Earth

murgiltzen zenean, gaua jaiotzen zen. Gaizkiak, gaua
submerged it was the night born was Evil the night
when it was submerged was born

heltzean, bere gordelekutik irten eta gizakiak
upon arriving (from) its hiding place came out and men
from its hiding place

mehatxatzen jarraitzen zuen. Orduan gizakiak Ama-Lurrari,
threatening continued did Then mankind to Mother-Earth
continued

gauan zehar   gaizkiaren aurka   borrokatzeko zerbait
in the night throughout   evil's against   to fight something
throughout the night   against evil   something to fight

eman ziezaien   eskatu zioten;   eta Ama-Lurrak
to give to them   asked her   and Mother-Earth
to give them   they asked her for

Eguzki Lorea   sortu zuen.   Gauan zehar
Sun Flower   created did   in the night throughout
flower common in Basque mythology   created   throughout the night

bere bizilekuetik   irten ez zezaten,   eta
(from) their home   go out not that they   and
that they not go out

gaizkiaren aurka   babesteko   bere etxeetako
evil's against   in order to protect   their houses'
against evil

atearen gainean Eguzki Lorea jar zezaten adierazi zien.
door's above Sun Flower put that they expressed to them
above the door   that they put she expressed to them

Harrezkeroztik Ama-Lurrak adierazitakoa jarraitu zuten
From then on Mother-Earth what she expressed followed did
what mother Earth expressed followed

gizakiek, ez zuten gehiago jasan gaizkiaren mehatxurik.
human beings not did anymore suffer evil's threats
didn't suffer anymore

Jentilak

Euskal — (in the) Basque
Herri — Country
osoan — entire
da — is
entzuna — heard
pertsonaia — character

mitologiko — mythological
ezagun — well-known
hau. — this
Gipuzkoan — In Gipuzkoa
batez ere, — especially
baina — but

Bizkaian, — in Biscay
Nafarroan, — in Navarre
Araban — in Araba (Álava)
nahiz — (nahiz ... ere: as well as)
Lapurdin — in Lapurdin

ere — (nahiz ... ere: as well as)
ageri zaizkigu — appeared / to us — have appeared to us
jeinu honi buruzko — spirit / this / about — about this spirit

aipamenak. — references

Jentilak — The Gentils
kristautasunaren — Christianity's
aurretik — since before — since before Christianity
lurralde — (in) land(s)
horietan — those

bizi ziren — lived / did-that — (people) that lived
pertsona — person (people)
fedegabeak — without faith
omen ziren. — supposedly / were — (the Gentils) were supposedly

Izena — The name
'gentil' — gentil
hitz — (from a) word
latindarretik — Latin — from a Latin word
dator, — comes
eta — and
horrela — that's how

zeritzeten — they called
pertsona — person (people)
fedegabeei. — without faith
Kristautasuna — (when) Christianity
etorri — came

zenean, — did
beraien — their
bizimodua — way of life
aldatu — changed
egin — (emphasis)
zen, — was
eta — and

mendian — in the mountain
bizi ziren, — lived / they did — they lived
bakarrik, — alone
etxe — (in) house(s)
urrunetan, — far away

beste — (from the) other
herritar — inhabitant(s)
kristau — Christian
guztiengandik — all
aldenduta. — separated

14

Besteengandik aldenduta bizi baziren ere, fededunekin
From the others separated lived they did although with the faithful
even though they lived

bakean bizi ziren. Kristauek jentila deitzen zioten
in peace lived they did The Christians gentil called him
they lived (the Christians) called

pertsona fedegabeari. Gizaseme basatiak, erraldoiak eta
(a) person without faith man wild giant and
(men)

indartsuak ziren, harkaitz puska ikaragarriak urrutira
strong they were boulder piece(s) enormous to far
enormous boulder pieces (far)

botatzen zituztenak. Hori dela eta, leku askotan
threw ones who for that reason (in) place(s) many
ones who threw in many places

agertzen diren harritzarrei Jentilarri deitzen zaie.
appear do-that the huge rocks jentil-harri called are
(the rocks) that appear (gentil rocks) are called

Oro har, monumentu megalitikoen sortzaile bezala
in general monument(s) megalithic-of (the) creator as

agertzen zaizkigu. Lehen meatzariak, lehen gari
appear to us (the) first miners (the) first wheat
they appear to us

landatzaileak, lehen errementariak, lehen errotariak...
planters (the) first blacksmiths (the) first millers
were

ere izan dira jeinu hauek. Lehenengo elizen
as well were spirit(s) these (in the) first churches'

eraikuntzan ere lagundu omen zuten haien indar
construction also helped supposedly did (with) their strength
they are said to have helped

itzelarekin. Hala izan omen zen Bizkaian,
enormous That's how been supposedly was in Biscay
it was said to have been

Ondarroan eta Markinan; Gipuzkoan, Zumarragan eta
in Ondarroa and in Markina in Gipuzkoa in Zumarraga and

Oñatin; Araban, Opakuan; Nafarroan, Urdiainen...
in Oñati in Araba in Opakua in Navarre in Urdiain
(Álava)

15

Jentilen Akabera
Gentil's End

Behin batean, Jentilek, Aralarko muino batean
Once *upon a time* *the Gentils* *(on) from Aralar* *hill* *one*
on a hill in Aralar

jolasean ari zirela, laino argitsu bat ikusi omen zuten
playing *were* *as they* *cloud* *shiny* *a* *saw* *it is said* *they did*

hurbiltzen ekialdetik. Izututa, jakintsu nagusi batengana
getting closer *from the East* *Scared* *wise* *old man* *one-to*

joan omen zuten. Jakintsuak, laino distiratsua ikusi
went *it is said* *they did* *the wise man* *cloud* *shiny* *saw*

zuenean, honela esan zuen: 🉑Kixmi jaio da, gure
when did *like this* *say* *did* *Kixmi* *born* *has been* *our*

askaziak bereak egin du, bota nazazue amildegitik
race *is finished* *throw* *me* *from the cliff*

behera." Jentilek jaurti zuten agurea, eta, lainoa
down *the Gentils* *threw* *did* *the old man* *and* *the cloud*

atzetik zutela, korrika abiatu ziren mendebalderantz.
behind *them having* *running* *leave* *did* *to the West*

Arraztarango haranera iritsi zirenean, harri zabal
(to) Arraztaran-of *the valley* *(when) arrived* *they did* *rock* *wide*
to the valley of Arraztaran

handi baten azpian sartu omen ziren
big *one-of* *under* *got* *it is said* *they did*

ezkutatzeko asmotan.
to hide *with the intention*
with the intention of hiding

16

Geroztik, harlauza handi horri Jentilarri deitzen zaio, eta
since then / stone / big / that / Gentilstone / called / is / and

herri-sinesmenak dio azken Jentilak bertan hilobiratuak
popular belief / says / the last / Gentils / there / buried

daudela. Jentilarri hori, benetan, historiaurreko
are / Gentilstone / that / really / prehistoric

monumentu bat da, trikuharri bat da, hain zuzen ere.
monument / a / is / dolmen / a / is / to be precise

Ondoko irudian agertzen zaigun trikuharria da
(in the) following / picture / appears / to us-that / dolmen / is

Aralarko Jentilarria.
Aralar-from / Gentilstone
the Aralar Dolmen

Jentila eta kristaua
the Gentil / and / the Christian

Muskizko koban bizi zen jentil batek behin
(in the) Muskiz-of / cave / lived / did-that / gentil / a / once

kristau bat harrapatu omen zuen. Kobatik alde egin
Christian / a / caught / it is said / he did / from the cave / side / make
caught a Christian / / / / / / / leave

ez zezan, eraztun magiko bat eskuko behatz
not / so that he did / ring / magic / a / (on his) hand's / finger
so that he did not

batean sartu omen zion, "hemen nago, hemen nago"
one / put / it is said / he did / here / I am / here / I am

deiadarka aritzen zena.
calling / keep / one that did

17

Behin, kristaua jentilak pilatuta zituen ardi-larruen
once the Christian the gentil piled up had-that sheep skins

artean ezkutatu omen zen. Eraztunaren hotsa urruti
between hid it is said he did the ring's noise far

xamar entzuten zuela eta, kanpotik ote zetorren
quite heard he did and from the outside maybe it came
because

pentsatzen jarri zen eta atea ireki zuen, kobatik
thinking began he did and the door opened he did from the cave

irtenez. Orduan, kristauak larru pila astindu eta
going out then the Christian (the) skin pile shook off and

lasterrari emanda jesus batean handik alde egin
to fast given (in) Jesus one from there side made
having started running in a hurry left

omen zuen.
it is said he did

Baina jentilak eraztunaren hotsa entzun, eta
but the gentil the ring's noise heard and

bere atzetik jarraitu zuen korrika. Kristauak
(from) his behind followed (him) did running the Christian
behind him

berehala etsi egin omen zuen orduan egoera
soon despaired (emphasis) it is said he did then the situation

ikusita, eta eraztuna zeraman behatza moztu
(after) having seen and the ring carrying-that was finger cut off
the finger that was carrying the ring

eta Mekolaldeko ibaira botatzea pentsatu, eta, egin,
and Mekolalde-of the river to throw think and do

egin zuen. Jentilak, eraztunaren deiadarrak errekako
did he the gentil the ring's calling (from) the river's

osinetik zetozela entzutean, bertara salto egin zuen
abyss coming-that it was upon hearing there jump make he did
he jumped

eta han ito zen.
and there drowned he did

Urrezko Izara
the Golden Sheet

Ataunen baziren senar-emazte batzuk San Martin
in Ataun there were husband and wife some St Martin
some husbands and wives

gorenean bizi ziren jentil batzuen
on top live did-that gentils some-of
some gentils'

lagun egin zirenak. Arratsaldero-arratsaldero jentil
friends become that had every afternoon gentil
who had become friends (of the gentils)

horiek herrira jaisten omen ziren eta
those to town come down it is said did and

senar-emazte haien etxean batzen omen ziren solasean
couple that-of home-in gathered it is said they did chatting
in that couple's home

eta kartetan aritzeko. Eta oso arratsalde eta gau
and playing cards to stay and very afternoon and night

parte gozoak pasatzen omen zituzten, harik eta
time good spend it is said they did until

gauerdiko oilarrak kukurruku jotzen zuen arte.
midnight the rooster cock-a-doodle-doo hit did until
crowed

Egun batean, etxekoandrea gaixotu egin zen, baina,
day one-on the woman ill became did but

hala ere, egunero jaisten ziren jentilak. Orain,
that way also everyday came down did the gentils now

ordea, urrezko hariz egindako izara bat ekartzen zuten
instead golden thread made of sheet a brought did

eta ohe gainean zabaltzen zuten. Gaueko hamabietan,
and bed on top extended did at night twelve o'clock

oilarrak jotzen zuenean, izara bildu eta
(when) the rooster chanted did the sheet took and

alde egiten zuten.
side made they did
they left

-Konturatu al zara zer izara? -galdetu zuen emazteak
noticed have you what a sheet ask did the wife

eta senarrak baietz erantzun zion-, Urrezkoa da...
and the husband yes answered did to her golden it is
answered her

-jarraitu zuen etxeko-andreak- erreal politak
continue did the wife real nice
(old Spanish currency)

emango lizkigukete horrengatik...
give would to us for that
they would give us

Eta biek elkarri begiratu zioten hitzik ere esan
and both to each other look did a word even saying

gabe.
without

20

Biharamun gauean jentilak beti bezala agertu ziren,
the next day at night the gentils always as appeared did
as always

garai-garaian eta ohazal eder harekin, ohe gainean
on time and cover beautiful that-with the bed over
over the bed

zabaltzeko. Gaua giro ederrean igaro zuten,
to extend the night (in an) atmosphere nice spent they did
to spread it

baina bi baserritarrek diruzalekeria barru- barruraino
but (the) two farmers greed to the core

sartua zuten eta, erraldoiak bestetan zeuden
taken had and the giants at something else were
(because)

une batean, gizonak iltze batzuk hartu eta ohezurari
moment in a the man nail(s) some took and to the bed

josi zion izara.
nail did the sheet

Oilarrak jo zuenean, jentilak izara asotzera joan
the rooster chant when did the gentils the sheet to take went

ziren, baina ezin izan zuten, iltzez josia zegoelako.
did but couldn't they nailed full of because it was

Indarrez tira eta hautsi egin zuten. Haserreturik,
with strength pull and break it they did angered

alde egin zuten handik etxeko jabeei madarikazio bat
left they did from there home owners curse a

bota ondoren:
throwing after

-Etxe hau zutik dagoen bitartean hemen ez da
house this standing is as long as here not will

faltako begibakar, besamotz edo herrenik.
lack one-eyed limp or lame

Eta, Ataunen kontatzen denez behintzat, urte askotan
and in Ataun tell as it is at least years for many

horrelaxe izan omen zen.
like that was it is said it was

22

Etsai

Izen — Name(s)
ezberdin — different
anitz — many
hartzen — takes (spirit) who takes
dituen — does-that
jeinu — spirit
hau, — this
Euskal — Basque

Herriko — Country-of the
leku — place(s)
ugaritan — in many / in many places
agertzen — appears
da. — does / it appears

Infernuko — Hell's
etsaia — devil
dugu — is (literally: we have)
Etsai, — Etsai
jeinu — (a) spirit
gaiztoa — bad
eta — and

erlijioaren — religion's
arerio. — opponent
Gizakiei — to humans / humans
kalte — harm
egitea — to do / to hurt
du — he has
helburu, — (as his) objective / it's his objective

edota — or
gaizto — badly
joka — act
dezaten — that they / to make them act wrongly
eragitea. — to cause
Dena — all
den, — is / However
ez — (it) not
da — is

garai — defeat
ezina, — impossible / invincible
eta, — and
hainbat — some
trikimailu — tricks
erabiliz, — using

libra — (we can) free / we can get rid of
gaitezke — ourselves
bere — (from) his
boteretik. — power
Zenbait — (in) some

kontakizunetan — stories
ematen — given / we are given
zaigun — to us-that
irudia — image
nahikoa — rather
irrigarria — funny

edo — or
burlazkoa — mocking
da. — is
Itxura — (in) form(s)
ugaritan — many
agertzen — shows up
zaigu: — to us

askotan — often
dragoi — dragon
baten — a's
antza — appearance
du, — he has
baita — gizaki — (a) human
itxura — form

ere, — and
eta — zenbait — a few
animaliarena — animals' (form)
ere — too
hartzen — takes
du. — does

.

Etsai eta bere ikasleak
Etsai and his pupils

Elezahar batek dio Lapurdiko Sara herriko
Legend a says Labourd-of Sara town's
Sara, Labourd

Lezea haitzuloan bizi zela Etsai, eta
Lezea cave-in the lived did-that Etsai and
in the Lezea cave that (he) lived

bertan eskola bat zuela. Bertan, zientziak, artea eta
there school a that he had There sciences art and
where he had a school

letrak erakusten zituen, denbora gutxian.
arts taught he did (in) time little
(arts and sciences) he used to teach in no time

Atxularrek, bere anaiak eta kide batzuek han
Atxular his brother and colleague(s) some there

ikasi omen zuten, eta, irakaskuntza guztien trukean,
study it is said they had and teaching(s) all's in exchange for
is said that studied

ikasleren bat berarekin betiko morroi gelditzea
student one with him forever (as a) servant stay
one of the students

eskatu zuen Etsaik. Baina, behin batean
asked did Etsai But once once
asked

esan omen zien galdera bat zuzen erantzuten
he said it is said to them question one correctly answered
it is said that he told them

bazuten, ez zuela inork Etsairekin geratu beharrik
if they did not would-that nobody with the Devil stay need

izango. Berak zuen ontzi bat zerez egina zegoen
have He had-that pot a what-of made it was
a pot that he had what (the pot) was made of

24

galdetu zien, eta ikasleek, asko pentsatu arren, ez
(he) asked them and the students much thinking despite (they) not

zuten asmatzen zerez egina egon zitekeen.
did figure out what-of made be it could

Etsaik sorginekin akelarrea ospatzen zuen egun
Etsai (the Devil) with the witches sabbath celebrate did day

batean, ikasleetako bat bertara hurbildu omen zen, eta
in a the students-of one to there got close it is said was and

zelatan jarri omen zen zuhaitz baten adarrean.
stalking put it is said did (in) tree a-of branch
it is said he was spying

Sorgin batekin dantzan luzaro aritu ondoren,
(with) witch a dancing for a long time doing after
after (dancing)

ikasleekin zeukan auzia kontatu zion
with the students he had-that the dispute told to her
(Etsai) told (the witch)

Etsaik sorginari, eta ontzia ostiralean eta igandean
Etsai (the Devil) to the witch and pot on Friday and on Sunday

moztutako azkazalekin egina zegoela aitortu. Ikasleak
(with) cut fingernails made of was confessed The student

belarri fina zuen, eta entzun egin omen zion.
ear sharp had and heard (emphasis) apparently he did

25

Hurrengo goizean ikasleak erantzun zuzena eman zion
(the) next morning the student (the) answer correct gave did

Etsairi, eta, horrelaxe, ikasleak jeinuarekin
to Etsai and just like that the students with the spirit

zuten zorretik libratu ziren.
had-that from the debt freed themselves
from the debt they had

ATARRABI
ATARRABI

Ezpeletan (Lapurdin) kontatzen duten elezahar batek
in Ezpeleta (in Labourd) tell they do-that (as) legend a
(legend) that they tell

dioenez, Atarrabi eta anaia gazteago bat,
says Atarrabi and brother younger one

beste ikasle batzuekin batera, Txerren edo Etsairen
(with) other students some together (to) Txerren or Etsai's
with some other students (Devil)

(deabruaren) haitzulora joan omen ziren ikasketak
(the Devil's) cave went it is said that they did studies
it is said they went

egitera.
to do

Ikasketak bukatu zituztenean,
(when their) studies finished they had

irakatsitako guztiaren truke, ikasleetako batek
taught everything in exchange for the students-of one
in exchange for everything taught one of the students

26

betirako berekin geratu beharko zuela esan zien
for forever with him stay have to / that (one) would have to would-that said to them / told them

Txerrenek. Zozketa eginik, Atarrabiren anaia gazteari
Txerren (a) draw / having done / having drawn lots Atarrabi's brother young

suertatu zitzaion geratzea. Bere anaia hain larri eta
happened to him to stay / happened by chance to have to stay his brother so serious and

triste ikusi zuenean, Atarrabik bere burua eskaini
sad saw when he did / when he saw (his brother) Atarrabi his head / himself offered

zuen anaiaren ordez eta etsaiak onartu egin zuen.
did (his) brother's behalf and the Devil accepted (emphasis) / accepted did

Txerrenek bere biltegi handian zuen
Txerren (in) his storehouse big he had-that / (flour sieve) that he had in his big storehouse

irina bahe batetik pasatzeko agindu zion, baina
(through) flour sieve a / through a flour sieve to pass order did / (Txerren) ordered him but

ezinezko lana zen hura, irina eta zahia biak
impossible work was that flour and rests both

batera joaten baitziren bahearen saretik.
together go as they did / as they went together through the strainer's net

Etsaiak behin eta berriro galdetzen zuen:
the Devil once and again / over and over ask / would ask did

-Atarrabi, non haiz?
Atarrabi where are you?

27

Eta hark erantzuten zion:
And that answers to him/her
answered him

-Hemen nago!
Here I am!

Atarrabik leku hartan gehiago ez jarraitzea erabaki zuen
Atarrabi place in that more not continue decided did
in that place to not continue any longer

eta baheari "hemen nago" esaten irakatsi zion.
and to the strainer "here I am" to say teach he did
he taught (the sieve)

Horrela, Txerrenek betiko galdera hura egiten zuenean,
that is how Txerren forever question that made when he did
the usual question when he asked

baheak erantzungo zion. Etsaia
the strainer would answer did to him the Devil
would answer him

bestetan arduratuta zegoen momentu bat
in something else paying attention was moment a
paying attention to others

aprobetxatuz, Atarrabi haitzuloaren sarrerarantz
taking advantage of Atarrabi (towards the) cave's towards entrance

abiatu zen atzeraka ibiliz, hori baita haitzulo magiko
start did backwards walking this as it is cave magical
started moving since this is

batetik ateratzeko era bakarra, ez ahaztu!
from a to get out way only do not forget
the only way to get out

28

Hanka bat haitzulotik kanpora atera zuenean bertan
leg a from the cave outside take out had there

ikusi zuen Txerrenek zertan ari zen, eta ihes egiten
see did Txerren what doing he was and escape to do
(Txerren) saw to escape

ez uzteko joan zitzaion bidea moztera;
not to leave go went to him the way cut off
in order to not let (him escape)

beranduegi, ordea...! Atarrabi haitzulotik kanpo eta
too late though Atarrabi from the cave outside and

etsaiaren ahalmenetatik urruti zegoen... Atarrabiren
the Devil's from the powers far away he was Atarrabi's

itzala, ordea, barruan zegoen oraindik, eta etsaiak
shadow however inside was still and the devil

harrapatu egin zuen.
catch did did
caught it

Urteak joan ziren eta Atarrabi apaiz egin zen. Itzalik
Years pass did and Atarrabi priest become did shadow

gabe jarraitzen zuen. Meza garaian baizik ez zitzaion
without continue did mass time except not did (to him)
he was still only

agertzen itzala, kontsagrazioko unean, hain zuzen.
appear the shadow con- moment so straight
exactly

Zahartzen ere ari zen Atarrabi eta egun batean ala
getting old too (-ing) was Atarrabi and day one or
one day

bestean hil behar zuela eta sakristauari deitu zion:
another to die had to did-that and to the sacristan called he did
that he would have to

-Badakik   kontsagrazio   unean   baizik ez
you know   consacration   during the moment   except not
during the moment of consecration   only

dudala izaten   itzala   eta,   nola edo hala,   une
I do   have   a shadow   and   how or that way   moment
that I have   somehow

horretantxe hil behar diat...   bihar   meza garaian,
in that very   die have I do   tomorrow   (at) mass time
I must die   during mass

itzala   nire   alboan   ikusten   duanean,
(the shadow   (at) my   side   see   when you do

hil   egin   behar   nauk.
kill   (emphasis)   have   you (to me)
you have to kill me

Sakristauak   hitz eman zion   baietz,   hilko zuela,
the sacristan   (his) word gave did to him   that yes   to kill he would
gave him his word   that he would kill him

baina   momentua   iritsi   zenean   barruak
but   (when) the moment   arrived   did   his inside

ez   zion   utzi.
not   did to him   let
didn't let him

-Begira,   horrek   ez dik   inolako penarik eman behar
look   that   not to you   any kind of sorrow give have to
must not give you any sorrow

-esan   zion   Atarrabik-   itzala   dudanean
said   to him   Atarrabi   the shadow   when I have

hiltzen ez banauk   beste   edozein   momentutan   hilko
kill not you to me   (at) other   any   moment   die
if you don't kill me

nauk eta orduan bai salbaziorik ez dudala izango,
I will / and / then / yes, certainly / salvation / not / I will, I will not have / have

Txerrenen mende geratuko bainauk betirako.
(in) Txerren's / power / remain, since I will stay / since I will / forever

Biharamunean, sakristaua berriro ere Atarrabiri azken
The following day / the sacristan / again, once again / also / Atarrabi / (the) last

kolpea emateko prest zegoen baina hartan ere
strike / to give / ready / was / but / then, in fact / also

ez zuen kemenik izan eta, kontsagrazioaren ondoren,
not / did / guts / have / because / the consecration / after
he didn't have the guts / after the consecration

itzala desagertu egin zen.
the shadow / disappeared / (emphasis) / did

-Bihar bertan hilko nauala agindu behar didak
tomorrow / right there / kill / me that you will / promise / have to / you to me
you have to promise me

-esan zion Atarrabik-. Gero nire gorpua
said / to him / Atarrabi / afterwards / my / body

haitz baten gainean utziko duk; beleek
(rock / one / over / leave / you will / the crows
over a rock

eramaten banaute, betirako galdua nauk baina usoek
take / if they (to me) / forever / lost / I am / but / doves
if they take me

eramaten banaute, salbatu naizen seinale
take / if they (to me) / saved / I have been-that / (a) sign

izango duk hori.
be / it will / that
that will be

Hirugarren	aldian,	sakristauak	bere	indarrak	bildu
the third	time	the sacristan	his	strength	gathered

zituen	eta,	itzala	agertu	bezalaxe,	burdinazko	barra
did	and	the shadow	appeared	as soon as	(with) iron	rod

batekin	Atarrabi	buruan	jo	eta
a	Atarrabi	in the head	struck	and

zerraldo	bota	zuen	hilda.	Gero,	gorpua	haitz	baten
coffin	dropped	did him	dead	Afterwards,	the body	rock	a
	knocked him out						

gainean	jarri	eta	usotalde	batek	eraman	zuen.
over	put	and	flock of doves	a	took	did
					took him	

Sakristaua	begira	egon	zitzaien	urrunean
the sacristan	looking	was	to them	in the distance
			at them	

gorde	ziren	arte.
hid	themselves	until
	until they disappeared	

Tartalo

Begi bakarreko gizon erraldoia da jeinu gaizto hau,
eye only man giant is spirit evil this
   one-eyed

lanbidez artzaina. Herrietako gazteak bahitu eta
by trade (a) shepherd towns-from young people kidnaps and
   works as a shepherd

jan egiten ditu pizti anker honek, eta, hori dela eta,
eat does beast cruel this and this and
   (he) eats them   that is why

izua eragiten du Euskal Herriko zenbait bailaratan.
scare create does (in) the Basque Country-of some valleys
   in some valleys of the Basque Country

Munduko mitologia ezberdinetan oso ezaguna da
(in the) World's mythology different very well-known is
   (mythologies)   (famous)

ziklope hau. Greziar mitologia klasikoan, nahiz,
cyclops this (in) Greek mythology classic or

Kantabriakoan eta Gaztelakoan
in Cantabrian (mythology) and in Castilian (mythology)

aurkitu genezake. Azken hauetan Ojancano
find (him) we can (in) last these Ojancano
   we can find him   in these last places

izena hartzen du.
the name he takes does
   he goes by the name

Tartalo esker onekoa
Tartalo thank good
   thankful

Munduan *In the world* **beste** *other* **asko** *many* **bezala,** *as*
like many others
Nafarroa *Navarre* **Beherean** *(in) Low* **guraso** *parents*
in Low Navarre

batzuk *some* **bizi** *live* **ziren** *did* **beren** *their* **hiru** *three* **semeekin.** *with sons*

Behin *Once* **batean,** *in one* **aita** *father* **ehizara** *to (go) hunting* **atera** *went out* **zen** *did* **eta** *and*
once upon a time

kopetan *in the forehead* **begi** *eye* **bakarra** *only* **zuen** *had-that* **Tartalo** *Tartalo* **erraldoia** *giant*
(Tartalo) that had a single eye

topatu *met* **zuen.** *did* **Etxera** *Home* **eraman** *brought* **eta** *and* **ukuiluan** *in the barn* **gorde** *left* **zuen.** *him he did*
(the father) ran into *brought him home* *he left him*

Gero, *After* **senide** *(to his) relative(s)* **eta** *and* **lagunei** *friends* **deitu** *called* **zien** *he did* **biharamunean** *the next day*
he called (them)

bere *(to) his* **etxera** *home* **afaltzera** *for dinner* **joateko** *to go* **esanez,** *telling (them)* **afalostean** *after dinner*

animalia *animal* **harrigarri** *strange* **bat** *a* **erakutsi** *show* **behar** *needed* **ziela** *he did to them* **eta.** *because*
because he needed to show them

Goizean *in the morning* **goiz** *early* **Gartzea,** *Gartzea* **seme** *son* **gazteena,** *the youngest* **ukuilura** *to the barn* **joan** *go*
early in the morning

eta *and* **aitak** *the father* **ehizan** *while hunting* **harrapatu** *caught* **omen** *it is said* **zuen** *did-that*
(the beast) that (father) supposedly caught

piztiari *(at) the beast* **begira** *looking* **aritu** *to be* **zen** *was* **zirrikitu** *(from) crack* **batetik.** *one* **Halako** *Such*
was looking *(a)*

erruki handi bat sentitu zuen berehala
compassion big a felt he did at once
                                  he felt

giltzapeturik zegoen erraldoi harengatik.
locked up was-that (for) giant that
         for that locked up giant

-Zertan lagun diezazuket? -galdetu zion.
in what help can-I-you asked him he did
      can I help you?   he asked him

-Aska nazak hemendik -erantzun zion Tartalok.
free you-to me from here answer did Tartalo
   free me

-Baina giltza ez daukat nik -erantzun zion mutikoak.
but the key not have I answer did the boy
        I don't have   (the boy) answered him

-Giltzen iltzean egongo duk zintzilik ziur aski; hoa
(on the) the keys' nail will be it is hanging sure very go
    on the "key" nail   it will be   probably

eta bila ezak.
and find do
   find it

Mutikoa joan zen, giltza aurkitu zuen eta Tartalo
the boy went did the key found did and Tartalo

askatu zuen.
freed did

35

-Eskerrik asko! Hemendik aurrera hire zerbitzari
thank many from here forward your servant
thak you very much from now on

izango nauk! Nitaz behartzen haizenean, deitu!
will be I am (when) of me in need you are call
I will be

Gaua etorri zenerako etxea apaindua zegoen,
(by the time) the night came did the house decorated was
by the time the night arrived

gonbidatuei behar bezalako harrera egiteko. Afalostean,
to the guests need as welcoming to do after dinner
a proper to give

etxeko nagusiak ahaide eta lagunak Tartalo ikustera
the house's owner relative and friends Tartalo to see
to see Tartalo

eraman zituen, baina ukuilua hutsik zegoen. Orduan
brought them he did but the barn empty was then
(he) took them

sentitu zuen lotsak eta amorruak
feel did embarrassment and anger

bere onetik aterata, esan zuen:
(from) his good taken out said he did
beside himself in anger

-Gustura jango nuke oraintxe gordin-gordinik eta
gladly eat I would right now raw and

batere gatzik gabe nire piztiari ihes egiten
not any salt without my beast run away to do
without any salt to escape

utzi dionaren bihotza!
allowed that who has' heart
the heart of he who let

36

Aitaren hitz gogor horiek entzunda, beldurra sartu
father's word(s) harsh those having heard fear entered

zitzaion mutikoari eta etxetik alde egin zuen. Luzaroan
did to the boy and from home leave did he did for long
left

oinez ibili zen eta laster gosea eta nekea jabetu
on foot walk he did and soon hunger and fatigue seized
he walked

zitzaizkion. Zer egin ez zekiela zegoen baina,
him what to do not knew-that was but
he was (such) that he didn't know

horretan, erraldoiak esandakoa etorri zitzaion burura
at that the giant what he said came did to him to (his) head
what the giant had said

eta oihuka deitu zion:
and screaming called he did to him

-Tartalo! Tartalo! Tartalo!
Tartalo Tartalo Tartalo

Erraldoi begibakarra azaldu zitzaion eta Gartzeak
Giant one-eyed show up did to him and Gartzea
appeared to him

gertatutako guztia jakinarazi zion.
what happened everything let know did
everything that happened let him know

-Aurrerago hiri bat zegok eta han erregea bizi duk.
further ahead city a there is and there the king lives does

Haren zerbitzuan sartuko haiz lorazain. Lorategian
(in) his service enter you will (as a) gardener in the garden

aurkitzen duan guztia atera ezak eta hurrengo
find you do-that everything take out (command) and (the) next
everything you find

egunean lehen baino ederrago haziko duk dena.
day before than more beautiful grow will everything
more beautiful than before will grow

Hiru lore eder ernatuko dituk, har itzak eta
three flower(s) beautiful grow you will take them and
take them

eraman erregearen hiru alabei, politena
bring (to the) king's three daughters the most beautiful
to the king's three daughters

alaba gazteenarentzat utziz.
(to) daughter the youngest leaving
for the youngest daughter

Mutilak Tartaloren esana hark agindu bezala bete
the boy Tartalo's what he said he ordered as fulfilled
what Tartalo said as he ordered

zuen. Gaztelura joan eta lorazain-lana eskatu zuen.
did to the castle went and the gardener's job asked for he did

Han zeuden barazki eta landare guztiak
there there were-that vegetable(s) and plant(s) all
(vegetables) that were there

zuztarretik atera zituen eta biharamunean
from the roots took out did and the next day

sekula baino indartsuago eta ederrago ernatu ziren,
never than stronger and more beautiful grown they had
stronger than ever

Hiru arrosa usaintsu ere atera ziren eta Gartzeak
three rose(s) aromatic also grew did and Gartzea

hiru printzesei eraman zizkien. Politena
(to the) three princesses brought them he did the most beautiful

38

gazteenarentzat gorde zuen, eta erabat maitemindu zen
for the youngest kept he did and totally fell in love he did

haren begi handiez.
(with) her eye(s) big

Halako egun batez hirian berria zabaldu zen
like that day one in the city news spread did
one day

erregearen alaba gazteena zazpi urtez behin bere
the king's daughter youngest seven years once (from) his
once every seven years

leizetik atera eta inguru guztiak
cave came out and surroundings all

abarrakitzen zituen herensugeari eman behar ziotela.
destroyed did to the dragon give have to they did-that
to the dragon that destroyed that they had to give her

Mutilak, amodioz eta errukiz, Tartalori deitu eta zer
the boy with love and with pity Tartalo called and what

gertatzen zen kontatu zion. Tartalok zaldi bikain
happening was told did to him Tartalo horse magnificent
told him

bat, jantzi eder bat eta ezpata distiratsu bat
a dress beautiful a and sword shiny a

eman zizkion, eta esan zion:
gave did to him and told did to him
gave him told him

-Hoa	gaur	gauean	basora,	ezkuta	hadi	han,	eta
go	today	in the night	to the forest	hide	(command)	there	and
		tonight		hide yourself			

hil	ezak	sugea	burua	leizetik
kill	(command)	the snake	(its) head	from the cave

ateratzen	hasten	den	bezain	laster.
brings out	starts	does	as soon as	soon
	starts to take out		as soon as	

Gartzea	basora	joan	zen,	bada,	bere	lagunaren
Gartzea	to the forest	went	did	so	his	friend's

agindua	betez.	Sastraka	batzuen	atzean	ezkutatu	zen,
order	fulfilling	bushes	some	behind	hid	he did

eta	zain	geratu	zen.	Biharamun	goizean,	goiz	orduz,
and	waiting	stayed	did	the next day	in the morning	early	on time
				the next morning			

erregearen	soldaduek	printzesa	hara	eraman	zuten	eta
the king's	soldiers	the princess	to there	brought	did	and
				they brought her		

zuhaitz	bati	lotuta	utzi	zuten,	herensugearen	leize
(to) tree	a	tied	left	did her	the dragon's	cave
	to a tree			left her		

sarreraren	aurre-aurrean.	Eta	handik	ihes	egin	zuten.
entrance	right in front of	and	from there	escape	made	they did
					escaped	

Luzera	gabe	herensugeak	burua	atera	zuen,	eta
length	without	the dragon	(its) head	brought out	did	and
not long after						

Gartzeak	ezpata	kolpe	batez	moztu	zion.	Neskaren
Gartzea	sword	(with) strike	a	cut off	did	the girl's

loturak	ebaki	zituen	eta	handik	alde	egin	zuen.
ligatures	cut	he did	and	from there	side	make	he did
					ran away		

Neskak — the girl
ez — not
zuen — did
didn't (recognize)
bere — her
salbatzailea — saviour
ezagutu — recognize
eta — and
han — there

inor — nobody
ez — not
zegoela — that was
that there was nobody
ikusirik, — upon seeing
gaztelura — to the castle
itzuli — returned
zen. — did

Aitak — (her) father
pozak — happiness
zoratzen — crazy
full of joy
hartu — took
zuen — it he did
eta — and
jakinarazi — let know

zuen — did
herensugea — the dragon
hil — killed
zuen — did-that
zaldun — (with the) knight
ausartarekin — brave
with the brave knight who had killed

ezkonduko — marry
zuela — would
he would marry
alaba, — (his) daughter
baina — but
ez — not
zen — did
inor — anybody
azaldu. — appear

Orduan, — then
erregeak, — the king
kanpai — (from) bell
from a bell
batetik — a
eraztun — ring
bat — a

zintzilikarazi — hung up
zuen — did
eta — and
handik — through there

lantza — a spear
igaroarazten — made pass
zuenarentzat — did-for the one who
for whomever passed a spear through
agindu — promised
zuen — he did
alaba. — (his) daughter

Gartzeak — Gartzea
Tartalori — to Tartalo
deitu — called
zion — did
eta — and
hark — that one (Tartalo)
beste — another
zaldi — horse
bat — a

eman — give
zion, — did to him
aurrekoa — the one before
than the one before
baino — than
askoz — a lot
azkarrago — faster
eta — and

dotoreagoa, — more elegant
eta — and
harekin — with that
batera — together
along with that
jantziak — clothes
eta — and
zilar — (a) silver-

koloreko — colored
ezpata. — sword

Lehiaketaren eguna
competition-of the day
the day of the competition

iritsi
arrived

zenean
when it did

Euskal Herri osotik
Basque Country from the whole
from the entire Basque Country

joandako zaldun pila bat
coming from knight lot of a

zegoen, erronka
there were contest

hura irabazteko
that to win

zein baino zein prestuago,
who but who ready
each one as ready as the others

baina
but

kanpai baten mihitik
bell one from the tongue
from the tongue of a bell

zintzilik
hanging

dagoen eraztun batetik
is-that ring through a
through a ring that is

lantza pasaraztea
a spear sending through

uste baino lan zailagoa da.
believe than work harder is
is harder than thought

Gartzearen txanda iritsi
Gartzea's turn arrive

zen.
did

Tartaloren zaldi gainean
Tartalo's horse over
on top of Tartalo's horse

zihoala,
as he went

hain laster igaro zen
so fast pass did
he passed so fast

aurretik non ikusle askok
in front of that spectators many

ez baitzuten ia ikusi ere, eta garbi-garbi pasatu
not did almost see even and clean pass
they almost didn't see him

zuen lantza eraztunetik; geldu ordez, ordea, galopan
did the spear through the ring stop instead however galloping
instead of stopping

jarraitu zuen.
continue did

-Aita! -egin zuen oihu printzesak- badoala berriro ere!
father do did scream the princess he is going again too
screamed once again

42

Erregeak bere geziajaurti eta hanka batean
the king his arrow launch and (in) leg a
in one leg

jo zuen gaztea; hark ordea bere bideari jarraitu zion,
hit did the boy he however his way continued did
hit the boy

eta basoan ezkutatu zen. Printzesa lorategira joan zen
and in the forest hid did princess to the garden went did

bakar-bakarrik negar egitera, bizia salbatu zion
alone cry to do (her) life saved had-that
to cry

ezezagun ausart hartaz enamoraturik baitzegoen.
(with) stranger brave that in love she was
because she was in love

Lorezaina topatu zuen han, herrenka. Zer zuen
the gardener found him did there limping what he had
what was wrong

galdetu zion, eta arantza bat sartu zitzaiola
asked she did to him and thorn a entered to him-that
that he had a thorn

erantzun zion mutilak. Mutilak zerbait
answered did to thim the boy the boy something

ezkutatzen zion susmoa hartu zuen printzesak; horrela
hiding to her suspicion took did the princess like that
was hiding from her she suspected

bada, aitarengana joan eta mutilaren gaixotasuna
so to her father went and the boy's illness

ikertzeko eskatu zion. Erregeak bere aurrera
to investigate ask did the king his in front
asked him to investigate before him

ekarrarazi zuen eta zauria erakusteko agindu zion.
had brought him and the wound to show order did
had him brought he ordered him

Harrituta, oraindik berak jaurtitako gezia
surprised still he had thrown-that arrow
(the king) the arrow (he'd) thrown

izterrean sartuta zuela ikusi zuen.
in the thigh nailed that he had saw he did
stuck in his thigh he saw

43

Ezkontzarako prestakuntzak egin zituzten eta Gartzeak
for the wedding preparations they did and Gartzea

bere familia gonbida zezaten agindu zuen eta
his family invited that they be ordered he did and
that (his family) be invited

bazkarian, aitari arkume-bihotz erdi gordina eta
during lunch to (his) father a lamb's heart half raw and

gatzik gabea emateko agindu zien zerbitzariei. Berari
salt without to give ordered did to the waiters to him

horrelako janaria ematen ziotela ikusi zuenean,
such a food give they did-that saw when he did
that they were giving him when he saw

aitak gaizki hartu zuen. Orduan, semeak
(his) father badly took did then the son
took it badly

(aitak ez baitzuen ezagutu) esan zion:
(father not since he did recognize told did to him
as his father hadn't recognized him

-A! Aita! Ez al zenuen bada esan Tartalori
ah father not (question) did you so say Tartalo
didn't you say

ihes egiten lagundu zionaren bihotza gordin-gordinik
run away do helped did-whose heart raw
run away the heart of the one who helped

eta gatzik gabe gustura jango zenukeela? Nik
and salt without gladly eat you would I

lagundu nion, bada, eta jakin ezazu Tartalok
helped did to him so and know (command) Tartalo
helped him know that

lagundu izan ez balitz ez ginatekeela zu eta ni
help had not if not we would be you and me
if (he) hadn't helped me we wouldn't

hemen, erregearen mahaian, egongo.
here (at) the king's table be

Handik aurrera denak zoriontsu izan ziren, eta,
from there forward (they) all happy be they were and
from that point on they all were happy

bizi izan ziren bitartean, Tartalo izan zuten zaindari.
lived (past) did as long as Tartalo had they did guardian
they lived they had as their guardian

Galtxagorriak

Galtza — gorriz — jantzitako — gizontxo — txiki-txikiak — dira
(in) trousers — red — dressed — little man — small — are
little men dressed in

galtxagorriak. — Bizkorrak, — biziak, — onak — eta — jostalariak — dira
galtxagorri — smart — quick — good — and — playful — are

etxeko — jeinu — laguntzaile — hauek. — Jabeak — orratzontzi
domestic — spirit(s) — helpful — these — the owner — (in a) pin cushion
these helpful domestic spirits

edo — kutxatxo — batean — izaten — ditu, — eta
or — little box — a — has — them — and
keeps them

bere — esanetara — daude — edozein — lanetan — laguntzeko, — lan
(to) his — orders — they are — (in) any — tasks — to help — task
they are at his disposal

hori — sinesgaitza — izanda — ere. — Bizileku
that — incredible — being — also — (as a) home
even if it is incredible

duten — orratzontzia — irekitzean, — nagusiaren — buru
they have-that — pin cushion — when opened — the owner's — head
the pin-cushion they have

inguruan — biraka — hasten — dira — zer — egitea — nahi — duen
around — rotating — begin — they do — what — to do — wants — he does
they start — what he wants (them) to do

etengabe — galdezka. — Jabeak — agindutako — lanak — egiten
non-stop — asking — the owner — ordered-that — tasks — doing
(tasks) that the owner ordered

egoten — dira — gauez, — eta, — etxekoen — pozerako,
they are — at night — and — (for) those at home's — joy
they stay — for the joy of those at home

hurrengo — goizerako — amaituta — izaten — dituzte — lanak. — San
(for the) next — morning — finished — have — they do — the tasks — (on) St

Joan — bezperako — gauean, — sasi — baten — gainean, — orratzontzia
John('s) — eve — night — bush — in one — over — (a) pin cushion
eve — over a bush

46

edo   bestelako   ontzi   bat   utziz   gero,   Galtxagorriak
or   other kind of   bucket   a   leave   if   the Galtxagorri
  if (you) leave

bertara   etortzen   dira,   eta   haien   jabe   egiten   zara.
to there   come   they do   and   their   owner   become   you do
  you become

Igarleek,   aztiek   edo   petrikiloek
fortune tellers   magicians   or   healers

sinesgaitza   den   zerbait   egiten   dutenean,
incredible   is-that   something   do   when they do
  something that is incredible   when they do

esan   ohi   da   Galtxagorrien   laguntza   izan   dutela.
said   habitually   it is   the Galtxagorris'   help   had   that they have
  it is said   that they've had

Galtxagorriak   laguntzaile   astunak
Galtxagorri   helper   heavy
  onerous helpers

Bizkaiko   Kortezubi   herrian   kontatzen   denez,   gizon   batek
from Biscay   (in) Kortezubi   town   told   as it is   man   a
  as it is told

Galtxagorri   batzuk   erosi   omen   zituen
Galtxagorri   some   bought   it is said   he did

behar   batzuk   egiteko.   Orratzontzia   ireki   eta   lan
need(s)   some   to do   the pin cushion   (he) open(ed)   and   task
  to fulfill some tasks

bat   agindu   zien,   eta   haiek   berehala   egin   zuten.
a   ordered   to them he did   and   they   at once   did   did
  he ordered them   did it

Gero   beste   lan   bat   egiteko   esan   zien,   eta
then   other   task   a   to do   told   them   and
  he told them

baita   egin   ere   hauek.   Hirugarren   eskakizuna   bete
also   did   too   these   the third   petition   (having) fulfilled
  they did these, too

ondoren, Galtxagorriak zer egin behar zuten galdetu
after Galtxagorri what to do have they did asked
what they had to do

zioten nagusiari. Nagusiak, orduan,
they did to the boss owner then

gizontxo txikiekin nazkatuta, galbahe batean ura
(with) the little men small tired (in) sieve a water
tired of the little men

ekartzeko agindu zien. Lan hau ezin izan zutenez
to bring order them did work this couldn't did they did
ordered them as they couldn't

burutu, erretiratu egin omen ziren.
carry out retire (emphasis) it is said they did

AÑESKO AZTIAREN MAMARRUAK
Añes-from Magician's Mamarrus
the mamarrus of magicians from Añes

Arabako Añes herrian bazen gizon bat aztitzat
in Alava Añes in village there was man a as a magician
in the village of Añes, in Alava

zeukaten. Etxea herritik urrun xamar omen zuen
they had him (his) home from the village far quite it is said he had

eta inor gutxi hurbiltzen zen leku hartara,
and nobody few got close did (to) place that
hardly anyone

non eta horretarako ez bazuen arrazoi onen bat.
where and for that not he had reason good a
non eta ... ez: unless

Jende guztiak beldur zion, uzta on bat
people all fear had of him harvest good a
were afraid of him

suntsi baitzezakeen edota egun batzuetan
destroy since he could or (for) days some
as he could destroy

48

desagertu **egiten** **zen** **eta** **usterik** **gutxienean** **berriro**
disappear (emphasis) did and thought the least again
he disappeared when least expected

itzultzen **zen** **urruneneko** **herrietatik** **aztikeriazko** **gauzak**
came back did (from) far away towns magical things

eta **ukenduak** **ekarriz.**
and ointments bringing

Urte **askotan** **zehar,** **harreman** **onak** **izan** **ziren** **Anesko**
year many through relationship good were were Añes-from
for many years there was

biztanleen **eta** **aztiaren** **artean,** **zeren** **eta** **gustura**
inhabitants and the magician between because and happy
because

edukitzeagatik, **nahikoa** **janariz** **eta**
because they kept (him) (with) enough food and

sua **egiteko** **egurrez** **hornitzen** **baitzuten.** **Baina**
fire to make wood supplied since they did but
with firewood since they supplied him

urteak **joan** **ahala,** **aztia** **zakar** **eta** **berekoi** **bihurtu**
the years go as the magician nasty and selfish became
as the years went on

zen. **Egunetik** **egunera** **gauza** **gehiago** **eta** **gehiago** **hasi**
did from day to day things more and more begin

zen **eskatzen.** **Inoiz** **bere** **gustuko** **zaldiren** **bat** **ikusten**
did asking (if) ever his liking-of horse a saw
a horse of his liking

bazuen, **haren** **jabeari** **eskatzen** **zion** **eta** **hark**
if he did its owner ask he would and he
(the owner)

onez **eman** **nahi** **ez** **bazion,** **ukuiluko** **animalia**
willingly to give (to him) want not if he did (his) barn animals
if he didn't

guztiak **hilko** **zizkiola** **egiten** **zion** **mehatxu...**
all kill that he would to him made he did to him threat
that he would kill he threatened

Bestetan, sukalderen bateko urdaiazpikoaren gutizia izaten
other times (for) kitchen a-of ham's craving had

zuen, edota ardo kupel on batena... Herriko
he did or (for) wine barrel good a from town

biztanleek tirania hori jasan egiten zuten,
inhabitants tyranny that suffered (emphasis) did

ez baitzitzaien komeni aztia etsaitzea... Baina
not because it was to them convenient the magician to antagonize but
because it wasn't in their interest

geroz eta asegaitzago ari zen bihurtzen eta
more and more insatiable -ing was becoming and

beste horrenbestean haien haserrea biziagotzen.
other as much their anger intensifying
at the same rate

-Zerbait egin beharko dugu -esaten zuten.
something do have to we do said they did
we have to

-Azti hori akabatu beharra dago! -zioten batzuek.
magician that to end the need there is said some
to kill we have to

-Eta nor izango da hori egingo duen ausarta?
and who be will that will do do-that the brave one
who will be brave enough to do that

-erantzuten zuten besteek.
answer did the others

50

Gauzak bere horretan jarraituko zuen aztiak
things its in that / like that continue would have the magician

ezkontzeko deliberatu izan ez balu. Alkateari mandatu
to get married decided had not if he had / if he hadn't decided to the mayor order

bat bidali zion ezkondu egin nahi zuela
an sent did-to him to marry (emphasis) wanted he did-that

adieraziz eta, beraz, biharamunerako andregai bat prest
letting know and so for the next day bride a ready

edukitzeko agindua emanez. Haren eskaera
to have the order giving his petition

betetzen ez bazuen herria suntsituko zuela
meet not if / if he did not met the village destroy he would-that

mehatxua bota zuen. Horretako mehatxu baten aurrean,
the threat issued he did like that / such threat a facing

alkateak ez zuen izan neska bat aukeratu
the mayor not had had / didn't have girl a choose

beste irtenbiderik. Grazia izeneko neska gazte, alai eta
other way out / any other choice (but to) Grazia named girl young happy and

eder bat hautatu zuen, eta gainera, buruz argia.
beautiful a picked he did and in addition of the head / (the girl was) smart clever

Gazte hark ez zuen aztiarekin inolaz ere ezkondu
young (girl) that not did with the magician no way / not at all too to marry

nahi baina, bestalde, ez zuen herria ere inolako
want but at the same time not did / didn't the village also / either (in) any

arriskutan jarri nahi.
risk to put want

51

Arazoa nola konpondu ez zekiela, gau hartan
the problem | how | to solve | not | knowing | night | in that
that night

aztiaren etxeraino inguratu zen isil-isilik eta
(up to) the magician's | home | got close | she did | silent-silently | and
very silently

leihotik begira jarri zen. Aztia
through the window | to look | set | herself | the magician
she started

bere nahasketa haietako bat egiten ari zen. Lapiko
his | mixtures | those-of | one | doing | -ing | was | (in) cauldron
one of those mixtures of his

handi batean belarrak eta hautsak botatzen zituen eta
big | a | herbs | and | powders | threw | he did | and

gero, makila luze batez nahasten zituen. Horrela
then | (with) stick | long | a | mixed | them he did | like that

jardun zuen luzaroan eta lapikoa sutatik
continue | he did | for a while | and | the cauldron | from the fire

baztertzerakoan, ezin izan zuen, oso astuna zelako,
when taking out | can not | did | very | heavy | because it was
he could not

nonbait. Orduan mahai gainetik igitai bat hartu, eta
apparently | then | table | from over | sickle | a | take | and
from over the table

kirtena kendurik, lau gizontxo atera zituen haren
grip | taking out | four | little men | take out | did | from its

barrutik. Praka gorriak zituzten eta jauzika hasi ziren
inside | trousers | red | they had | and | jumping | start | they did

oihuka:
screaming

-Zer nahi duzu egitea? Zer nahi duzu egitea?
what | want | do you | (us) to do | what | want | do you | (us) to do

-Bazter ezazue lapiko hori sutatik –esan zien
take out (command) cauldron that from the fire told did-to them

aztiak.
the magician

Graziaren harridura lau gizontxo haiek lapikotzar hura
Grazia's surprise four little men those huge cauldron that
that huge cauldron

baztertzen ikusi zituenean!
taking out saw when she did

-Eta orain? Zer nahi duzu egitea? -galdetu zuten
and now what want do you (us) to do ask they did

berriro.
again

Aztiak eskua luzatu zuen, eta lau gizontxoak
the magician the hand extended did and four little men

esku gainera igo ziren.
hand over climbed they did
onto (his) hand

-Orain, ezer ez, maitetxoak. Ez dakit zer egingo
now nothing nothing dear ones not I know what to do

nukeen zuek ez bazinete... Herrian jakingo balute
I would you not if were here in the village if know tey would

zuek zaretela nire magia... ja, ja, ja!...
you that are my magic ha ha ha
that you are

53

-egin zuen barre   aztiak-   baina
made did laugh   the magician   but
laughed

ez dute inoiz jakingo!   Bihar   goizerako
not they will never know   (by) tomorrow   morning
they will never know

ez badidate andregairik aurkitzen zuek bidaliko
not if they do for me a bride find (me) you send
if they don't

zaituztet herria suntsi dezazuen, zelaiak hondatu eta
I will the village destroy that you do the fields ruin and
to destroy the village

animaliak denak hilko dituzue... Eta, orain, sar zaitezte
the animals all kill you will and now enter (command)
get in

igitaiaren kirtenean.
(in) the sickle's handle

Agindu bezala egin zuten lau mamarruek eta
order as did (the) four mamarrus and
as ordered

aztiak kirtena estutu zuen. Ondoren, argia
the magician the handle tightened he did then the light

itzali eta lotara joan zen. Grazia luzaroan geldirik
switched off and to sleep went he did Grazia for a while still

egon zen, leiho kontra eserita, gogoetan. Igitaia
stayed did window against sitting in thoughts the sickle
thinking

osteko erabakia hartu zuen eta, leihoa
to steal the decision taken she had because the window
the decision to steal she had taken

kontu handiz zabaldurik, etxean sartu zen.
care with big opening in the house entered she did
very carefully

54

Mahairaino (up to the table) **joan** ((she) went) **eta** (and) **igitaia** (the sickle) **hartu** (took) **zuen.** (she did) **Orduan,** (then)

mamarruak (the mamarrus) **oihuka** (screaming) **hasi** (began) **ziren:** (they did)

-Nagusi! (boss) **Zu** (you) **al** ((question)) **zara?** (are you / is that you) **Zer** (what) **nahi** (want) **duzu** (do you) **egitea?** ((us) to do)

Grazia (Grazia) **lasterka** (running) **atera** (went out) **zen** (did) **etxetik** (from the house) **igitaia** (the sickle) **eskuan** (in (her) hand)

zuela, (having) **baina** (but) **egin** (made) **zuen** (she did-that) **zaratak** (noise) **eta** (and) **gizontxoen** (the little men's) — the noise that she made

oihuek (screams) **aztia** (the magician) **esnatu** (woke up) **zuten.** (did) **Hark** (he) **zer** (what) **gertatzen** (happening) **zen** (was)

ikusi (saw) **zuenean,** (when he did) **ohetik** (from the bed) **jauzi** (jumped) **eta** (and) **neskaren** (the girl's) **ondotik** (after) — after the girl

abiatu (started) **zen.** (he did) **Grazia** (Grazia) **ahal** (could) **bezain** (as) **bizkor** (fast) **zihoan,** (was going) **baina** (but) — as fast as she could

aztia (the magician) **lasterrago** (faster) **zetorren** (came) **atzetik.** (from behind)

-Itzul (give back) **iezadazu** (you to me) **igitaia!** (the sickle) **-esaten** (saying) **zion.** (he was to her)

Graziak, etsirik, aztia geroz eta hurbilago
Grazia losing hope the magician increasingly and closer
closer and closer

nabaritzen zuen eta ia bere ondoan zuenean,
noticing was and almost (at) her side when she had him

igitaia ahal bezain urrun jaurtiki zuen, harrizko
the sickle could as far launched she did (up to the) stone
as far as possible

bideraino. Igitaiak hiru bider errebotatu zuen eta
way the sickle three times bounced did and

kirtena apurtu egin zitzaion. Lau mamarruak
the handle broke (emphasis) did to itself (the) four mamarrus
broke

handik atera eta desagertu egin ziren.
from there came out and disappeared (emphasis) did

Aztia bat-batean gelditu zen. Eguna
the magician suddenly stopped did the day

argitzen hasia zen.
lighting started had
was beginning to dawn

-Madarikatua! Zer egin duzu? -galdetu zion ahots
damn you what done have you asked he to her (with) voice

ahul batez.
weak a

Grazia hari begiratzera itzuli zen. Egia ote zen
Grazia / to him / to look / turned / did / true / perhaps / is
could it be true

ikusten ari zena? Aztia desagertzen ari zen!
seeing / -ing / what she was / the magician / disappearing / -ing / was
what she was

Handik segundo batzuetarako, aztiak
from there / second(s) / in some / the magician
a few seconds later

soinean zeraman janzkia bakarrik geratu zen neskaren
on him / wearing-that / clothes / only / was left / did / the girl's
the clothes he was wearing

begien aurrean. Grazia lasterka itzuli zen herrira
eyes / in front of / Grazia / running / went back / did / to the village

eta gertatutakoaren berri eman zuen. Talde bat
and / what had happened / notice / give / did / group / a
announced

bildu zen ikertzera joateko baina aztiaren
formed / was / to investigate / in order to go / but / (to) the magician's
was formed

etxera heldu zirenean, ez zuten ezer aurkitu, ezta
home / arrived / when they did / not / did / nothing / find / nor
they didn't / (anything)

etxearen arrastorik ere. Dena desagertua zen.
the house-of / sign / either / everything / disappeared / was
(had)

Geroztik, urte askotan zehar, herri hartako biztanleek
since then / year / in many / during / village / that-from / the inhabitants
for many years

berriro eskuratu nahi izan dituzte mamarruak.
again / to obtain / wanted / (past) / have / mamarrus
have wanted to obtain

Horretarako, igitai baten kirtena uzten dute
for that (reason) / sickle / a-of / handle / leave / they do

sasi gainean San Juan bezperan. Baina,
bush / over the / (on) St / John's / eve / but
over the bushes

57

guk	dakigula	behintzat,	oraindik	ez	du	inork	lortu
we	know (of)-that	at least	yet	not	has	anybody	managed
	as far as we know				nobody has		

mamarruak	eskuratzea.
the mamarrus	to get

Lamia

Jeinu honek emakume eder baten itxura du
spirit · this · woman · beautiful · a-of · looks · has

gorputzaren erditik gora, eta hankak oiloarenak,
(from) the body's · middle · up · and · the legs · of a hen

ahatearenak, nahiz ahuntzarenak bezalakoak ditu.
of a duck · or · of a goat · like those · has

Aldiz, kosta aldean, gorputz erditik behera
on the other hand · coast · side · body · from the middle · down
in the coastline

arrain tankera hartzen dute. Lamien zereginen artean
fish · look · take · they do · Lamias[i] · tasks · among

honako hauek zeuden: artilea haritu; trikuharriak, etxeak
these · there were · wool · to thread · dolmens · houses

eta elizak eraiki; eta arropak garbitu. Baina asko
and · churches · to build · and · clothing · to wash · but · a lot

atsegin du urrezko orrazi batekin bere adats
likes · she does · (with) golden · comb · a · her · hair

ederra orraztea, erreka bazter edo urmahel batean.
beautiful · to comb · river · side · or · pond · in a

Haitzuloetan edo erreka putzuetan nahiz urmaeletan bizi
in caves · or · (in) river · puddles · or · (in) ponds · live
wells

ohi da.
usually · does

59

Gizonei eskatzen zien ogiari, urdaiari eta sagardoari
to men ask did-that (to the) bread bacon and cider
... that they asked men for

esker elikatzen ziren, edota bere deboziozkoek
thanks fed themselves or their devotes
they fed themselves

eskainitako ogi, gatzatu eta esneari esker.
offered-that (to the) bread dried food and milk thanks to

Esan ohi da Lamiak 'ezetza' zela medio bizi zirela.
said habitually it is lamias 'no' was means lived did-that
it is said that by means of

Alegia, nekazariak zergak ordaintzerakoan, iruzurra
that is to say the farmers (their) debts when going to pay fraud

eginez, zeuzkan lurrak baino gutxiago aitortzen
when commiting he had-that the lands than less declared
fewer lands than he had

bazituen, bere esanetan ez zeuzkan lur horiengatik
if he did (in) his words not having land those-because of
lands that he didn't have

Lamiak kobratzen omen zituen aitortu gabeko zergak.
the Lamia charged it is said she did declared without debts
undeclared

Iruzurraren kontrako eta zintzotasunaren aldeko jeinu
fraud against and honesty in favor of spirit

legez ere agertzen zaigu, beraz.
as a also appears to us then

Lamien eta gizon gazteen arteko maitemintzeak ere
Lamias and men young between love stories too

agertzen zaizkigu, haren edertasunak liluratuta uzten
appear to us her beauty captivated leaves

baitu gazteren bat, zenbaitetan.
as she does young man a sometimes
some young man

Lamien desagertzea baselizen eraikitzeari, elizetako
Lamias' disappearance chapels the construction of-to churches'

kanpai hotsei, eta errezoei ere egotzi zaie.
bell sounds-to and to prayers as well accused have been
has been attributed to

Dirudienez, kristautasunaren etorrerak badu zerikusia
apparently Christianity's arrival does have something to do

Lamien bukaerarekin. Aspaldiko jeinua
(with) the Lamias' end from long ago spirit
ancient

dugun seinale da hori.
we have-that sign is that
a sign that we have

Lamia maitemindua
Lamia in love

Elezaharrak dionez, Anboto eta Arangio artean
(as) the legend says Anboto and Arangio between

artaldearekin egoten zen artzain bati maiz agertzen
with a flock of sheep are was-that shepherd to a often showed up
to a shepherd that used to be

omen zitzaizkion Lamiak, eta oso ongi pasatzen omen
it is said they did the Lamias and very good spend it is said
he had a really good time

zuen hark, dantzan ibiltzen baitzuten airean. Artzaina
did he dancing they had him in the air the shepherd

gustura zebilen neska gazte eder haiekin, berak
happy he was (with) girls young beautiful those (because) he

ez baitzekien Lamiak zirela. Batekin harreman
not knew Lamias that they were with one relationship

61

sendoagoa egin zuen, eta etxeraino ere laguntzen
stronger made he did and back (to her) home too helped (her)
(had)

omen zion.
it is said he did

Behin batean, eraztun bat oparitu zion Lamiak
once in a ring a gave (as a gift) did the Lamia
one day

artzainari, eta ezkontzeko hitza eman zioten elkarri.
to the shepherd and to marry word gave they did to each other
they promised

Mutilak kontatu zion amari, eta amak,
the young man tell did to his mother and the mother

kezkatuta, herriko apaizarengana joateko eskatu zion
worried the village's to the priest to go asked did
to the priest of the village

semeari. Elizgizonak, mesfidati, emaztegaiari oinak
to (her) son the clergyman disfrustful to the bride the feet

behatzeko agindu zion.
to look at ordered did (to him)

Artzainak horrela egin zuen eta bere hankak ikustean
the shepherd so do did and her legs when he saw
the shepherd did as they said

ahatearenak bezalakoak zirela ohartu zen. Orduan,
a duck's (legs) like they were-that realized he did then

eraztuna atera nahi izan zuen lamiari itzultzeko;
the ring take out wanted (past) he did to the Lamia in order to return
tried to take out the ring

baina ahaleginak egin arren, ezin izan zuen
but effort (he) made even if couldn't (past) did
he could not

62

atera,   eta   atzamarra   moztu   behar izan zuen.
take (it) out   and   the finger   cut off   had to (past) he did
       he had to

Eraztuna   atzamar   eta   guzti   itzuli   zion   lamiari,   eta
the ring   finger   and   all   returned   he did   to the lamia   and

etxera   joan   zen.   Sendatu   zuen   atzamarra,   eta   ohean
to home   went   he did   healed   he did   the finger   and   in bed

sartu   zen.
got into   he did

Lamia   haserre   bizian   gelditu   zen,   eta   mutila   ez   omen
Lamia   angry   living   became   did   and   the boy   not   it is said
       really angry

zen   gehiago   esnatu.
did   again   wake up

LEZAOKO LAMIA
from Lezao   Lamia
the Lamia from Lezao

Arabako   Agurainen   diotenez,   Entzia   mendiko   Lezaoko
from Araba   in Agurain   as they say   Entzia   from mountain   (in) Lezao's
      as they say in Agurain, Araba

haitzuloan,   oso   emakume   bitxi   bat   bizi   omen   zen
cave   very   woman   weird   a   lived   it is said   did
      a very weird woman

garai   batean.   Guztiz   ederra   omen   zen   eta
time   a   Completely   beautiful   it is said   she was   and
once upon a time

lurreraino   iristen   zitzaion   urrezko   ile   luzea.   Jende
until the ground   reached   to her   golden   hair   long   People
      her long golden hair reached

askok   ikusi   zuen   dama   eder   hura   erreka
many   saw   did   lady   beautiful   that   (at the) river

bazterrean orrazten. Orrazia ere urrezkoa zen eta
side *combing her hair* *the comb* *too* *golden* *was* *and*

mendian behera zetorren erreka hura erabiltzen
in the mountain *downwards* *came-that* *river* *that* *used*
down the mountain *that river that came*

zuen ispilu gisa. Egunero, egunsentian, bere
she did *mirror* *as* *every day* *at dawn* *(from) her*
as a mirror

haitzulotik atera eta haitz baten gainean esertzen
cave *came out* *and* *rock* *a* *over* *sat*
on

zen. Luzaroan aritzen zen orrazten, aldi berean
she did *for long* *stayed* *she did* *combing her hair* *time* *at the same*
at the same time

inork ezagutzen ez zuen hizkuntza batean abesten
nobody *know* *not* *did* *language* *in a* *singing*
that nobody knew

zuela.
as she did

Behin batean, mutil gazte batzuk solasean ari omen
once *in a* *boy(s)* *young* *some* *talking* *-ing* *it is said*
once upon a time

ziren herriko plazan. Besteren artean, Lezaoko
they were *(in) the village* *square* *some* *among* *(the) Lezao*
among others

damaren gaia aipatu zuten. Batzuen iritzian, atso
lady's *topic* *mentioned* *they did* *in some* *opinion* *old women*
some thought

kontuak baizik ez ziren horiek;
tales *nothing but* *not* *were* *those*
those where nothing but

beste batzuen iritzian, berriz, egia zen dama hura
other *some-of* *in the opinion* *however* *true* *it was* *lady* *that*
in other's opinion

Amilamia zela. Baina, egia esateko,
a Lamia *was* *but* *the truth* *to tell*

mutil **haietako** inork ez zuen inoiz ikusi, eta
boys from those nobody not had never seen (her) and
none of those boys

inoren esanak errepikatzen ari ziren. Azkenean, hori
nobody's tales repeating -ing they were in the end that
hearsay

jakiteko erarik egokiena bertara joan eta
in order to know way most suitable to there go and
the best way

egiaztatzea zela pentsatu zuten; esan bai, baina
to confirm was-that thought they did say yes but
sure they talked

inor ez zen ausartzen hara joaten, beldurra
anybody not was dared to there to go fear
nobody dared

zutela esan gabe, ordea. Horretan zeudela Perikot
they had-that saying without however in that as they were Perikot
without saying as they were at it

azaldu zen. "Tontoa" deitzen zioten, beti
showed up did "Dumb" call they did to him always
they called him

ametsetan zegoela ematen zuen eta.
dreaming he was looked like he did because

-Kaixo, lagunak, zertan ari zarete? -galdetu zien
hello friends in what are you doing asked did to them
what are you up to?

Perikotek, eta erantzunik emateko astirik utzi gabe,
Perikot and an answer to give time leaving without
time to answer giving (them)

plazako harriekin jolasean hasi zen.
(with) the square's stones playing started he did

Beste | mutilek | elkarri | begiratu | zioten | eta
the other | boys | to each other | look | did | and

irribarre | egin | zuten.
smile | made | they did
they smiled

-Aizak, | Perikot, | -esan | zion
hey | Perikot | said | did to him

taldeko | buru | zirudienak- | gure | taldekoa | izan
the group's | head | the one who looked like | (one of) our | group | to be
the one who looked like the leader of the group

nahi | al | duk?
want | (question) | do you

Perikotek | harrituta | begiratu | zion, | baina | berriro
Perikot | surprised | looked | at him | but | again

gauza | bera | esan | zion | taldeko
thing | the same | said | did to him | the group
the same thing

buru | egiten | zuenak:
head | doing | the one who was
the one that acted as the leader

-Ea, | Perikot, | gure | taldekoa | izan | nahi | al | duk?
so | Perikot | (one of) our | group | to be | want | (question) | do you
in our group

Gustura | ibiliko | haiz... | gurekin | festetara | etorri
happy | be | you will | with us | to parties | to come

66

ahal izango duk eta gure sekretu guztiak jakingo
be able will you do and our secret all of them know
you'll be able to all our secrets

dituk...
you will

-Ba... nik... egia esan...
well I the truth to say
to be honest

-Ondo da, ondo da -esan zuen taldeburuak,
good it is good it is said did the leader

erantzunetarako astirik eman gabe, bere kideei aieru
for the answer time giving without (to) his mates (a) signal

eginez- Ezta baietz, e, mutilak?
making isn't that right boys

Denek egin zuten baiezko aieru.
they all made did (a) "yes" signal
nodded in agreement

-Baina jakin behar duk -jarraitu zuen lehengoak- gure
but know have to you do continued did the first (boy) our

taldea elkarte sekretua dela eta ezin dugula edonor
group association secret is-that and can't we do-that just anyone
that ... is a secret association that we can't

onartu... lehenagotik froga batzuk gainditu behar dituk,
accept first test(s) some pass have to you do

ulertzen?
you understand

Perikotek ez zekien ondo zertaz ari ziren, baina
Perikot / not / knew / well / what about / -ing / they were / but
what they were talking about

buruaz baietz esan zuen.
with the head / yes / said / he did

-Ederki!, banekian nik konponduko ginena! Entzun ondo
great / knew / I / get along / we would / listen / well

hau: Ba al dakik non dagoen
(to) this / question / (do you) know / where / is

Lezaoko haitzuloa? Bai? Ederki! Ba... hara joan eta
(the) Lezao / cave / yes / great / well / to there / go / and
the cave of Lezao

emakume eder bat agertu arte han egon behar duk.
woman / beautiful / a / appears / until / there / stay / have to / you do
a beautiful woman appears

Nor den eta nondik datorren galdetu behar diok eta
who / she is / and / from where / she comes / ask / have to / you do / and

gero, zerbait eskatu behar diok guk
then / something / ask for / have to / you do to her / we

han izan haizela ziur jakin dezagun, ados?
there / have been / that you have / sure / to know / that we may / ok
that you have been there / so we know for sure

Beno, ba! Segi!
alright / well / go on
well then

Mutilek beren artean barre eta keinuak egiten
the boys / themselves / among / laugh(s) / and / gestures / making
among themselves

zituzten bitartean, Perikot herritik atera eta
they did / while / Perikot / from the village / went out / and
while they did

Lezaorantz towards Lezao — **abiatu** parted — **zen.** did — **Haitzulora** to the cave — **hurbildu** got close — **zenerako** did-by the time
by the time he got close

ahaztua forgotten — **zeukan** he had — **zertara** what for — **zihoan** he was going — **hara.** to there — **Gaua** the night — **berehala** soon

etorri came — **zen** did — **eta** and — **mutil** the boy — **gizajoa** poor — **loak** sleep — **hartu** took — **zuen** did — **zuhaitz** tree
the poor boy — fell asleep

enbor trunk — **baten** a — **kontra,** against — **errendituta** exhausted — **baitzegoen.** he was-since
because he was exhausted

Abesti song — **batek** a — **esnatu** awoke — **zuen.** did him — **Begiak** the eyes (his eyes) — **zabaldu** opened — **eta** and

arbolen (to the) trees' — **hostoei** leaves — **begira** looking at — **geratu** stayed — **zen.** he did — **Hasieran** at first — **ez** not
the leaves from the trees

zuen had — **garbi** clear — **jakin** know — **non** where — **zegoen** he was — **ere,** even — **gero** later

etorri came — **zitzaizkion** did to him — **burura** to (his) head — **Aguraingo** from Agurain — **gazteak** the young boys — **eta** and
remembered — the boys from Agurain

haitzuloren (with) cave — **batekin** a — **zerikusirik** related — **zuen** was-that — **zerbait** something
something related

egin to do — **behar** had to — **zuela.** he had-that — **Jaiki** woke up — **zen** he did — **eta** and — **orduan** then — **ikusi** saw — **zuen** he did
that he had to do

dama, the lady — **kantari,** singing — **erreka** (at the) river — **bazterrean** side — **orrazten.** combing her hair

Emakumeak the woman — **irribarrez** smiling — **begiratu** looked at — **zion** did to him — **eta** and — **Perikot** Perikot

"tontoa", *"the idiot"* **berak** *himself* **ere** *also* **irribarre** *smile* **eginik,** *making* *smiling* **damaren** *the lady* **ondora** *next to*

joan *went* **zen** *he did* **esertzera.** *to sit*

Damak *the lady* **kantari** *singing* **eta** *and* **orrazten** *combing* **jarraitu** *continued* **zuen** *did* **luzaro;** *for a while* **bien bitartean,** *meanwhile* **Perikotek,** *Perikot* **hankak** *(his) legs* **uretan** *in the water* **sartuta,** *having put* **harri** *a rock* **azpian** *under* **gorde** *hide* **nahi** *wanted* **zuen** *did* **karramarro** *(at) crab* **bati** *a* **begiratzen** *looking* **zion.** *was*

-Nola *how* **duzu** *do you have* **izena?** *the name* *what's your name* **-galdetu** *asked* **zion,** *did to him* **azkenean,** *finally* **Amilamiak.** *Lamia*

-Perikot *Perikot* **"tontoa"** *"the dumb one"* **-erantzun** *answered* **zion** *did to her* **mutilak.** *the boy*

-Zergatik *why* **"tontoa"?** *"the dumb one"* **-galdetu** *asked* **zion** *did to him* **berriro** *again* **ere** *the* **damak.** *lady*

-Ez dakit ba... tontoa naizelako izango da noski...
not know well dumb I am-because will be is of course
well, I don't know it must be

Eta Perikot berriro ere karramarroari begira jarri zen,
and Perikot again also at the crab staring started did
again

harri arinagoren baten azpian babestu nahi baitzuen,
rock lighter a under take refuge wanted it did-since
under a lighter rock

nonbait.
apparently

Dama jaiki zen eta haitzuloan sartu zen. Berehala
the lady got up did and in the cave went in did soon

itzuli zen eskuetan bahe bat zuela.
came back she did in her hands sieve a having
holding

-Tori, Perikot, hau zuretzat da.
take this Perikot this for you is

Perikot baheari begira geratu zen, hartu eta damari
Perikot to the sieve looking stayed did took it and to the lady
kept looking at

irribarre egin zion. Gero, etxera itzultzeko garaia
smile made did then to home to go back time
smiled at her to go back home

izango zela eta, alde egin zuen. Agurainera
will be was because side made he did to Agurain
it must've been left

iristerakoan, bere bila zihoan gizon talde batekin
when he arrived his search was going-that men group with a
looking for him with a group of men that was

71

topo	egin	zuen,	gurasoak	erabat
encounter / ran into	made	he did	(his) parents	completely

kezkaturik	baitzeuzkan	gauean	lotara	agertu
worried / because he had them completely worried	had them-because	at night	to sleep	appeared

ez	zelako	eta	mutilek	esan	zieten	nora	joan
not	he had-because / because he hadn't	and	the boys	told	did to them	where	gone

zen.
he had

-Perikot!	Non	zinen?
Perikot	where	were you

-Perikot!	Non	igaro	duzu	gaua?
Perikot	where	spent	have you	the night

-Zer	dakartzu	hor?
what	do you bring	there

Perikotek	irribarre	egiten	zuen	eta	ez	zuen	ezer
Perikot	smile	made / smiled	did	and	not	was	nothing

esaten.	Orduan,	bahea	astintzen	hasi	zen,	irina
saying	then	the sieve	shaking	started	he did	the flour

bahetzen	ari	balitz	bezala	eta	denek	burutik	egina
filtering	-ing	if he were / as if he were	as	and	they all	from the head	done
						crazy	

zegoela	pentsatu	zuten,	baina...	oi!,	bahetik	irina
he was-that	thought	they did	but	oi	through the sieve	flour

erortzen zen! Nola zitekeen hori? Han ez zegoen
coming out was how could be that there not there was

irinik! Eta, hala ere, irina erortzen zen! Gizon batek
any flour and nevertheless flour coming out was man a

hartu zuen bahea. Astindu zuen, baina irinik ez.
took did the sieve shook it he did but flour (there was) not

Beste bat ahalegindu zen, eta beste bat, eta beste
other one tried did and another one and another

bat... Alfer-alferrik. Orduan, Perikot "tontoak" astindu
one in vain then Perikot "the dumb one" shook

zuen berriro eta berriro ere irin fina erortzen zen,
it again and again also flour thin came out did

beren bizitzan ikusi zuten irinik zuriena!
(in) their lives (ever) seen they had-that flour the whitest

Geroztik Perikot "bizkorra" hasi zitzaizkion deitzen.
since then Perikot "the smart" started they did to him calling
                                they started calling him

Okindegi bat jarri zuen eta oso zoriontsu bizi izan
bakery a opened he did and very happy lived (past)

zen. Zahartuta hil zen eta, herritarrak
he did from old age die he did and the villagers

magiazko bahe haren bila hasi zirenean, ez zuten
the magical sieve that-of in search started when they did not they did
        in search of that magical sieve   they didn't

inon aurkitu. Ordurako bere jabearengana itzulia zen,
nowhere find (it) by then (to) its owner returned it was
anywhere   to its owner   it had

Lezaoko Amilamiarengana.
from Lezao Lamia-to the
        to the lamia from Lezao

Sorgin

Mari, Etsairen edo Akerbeltzen esanetara dagoen
Mari — Etsai's — or — Akerbeltz (black goat)'s — to the sayings — is-that
who's at their orders

emakumezko jeinu gaiztoa da Sorgin. Aparteko doaiak
female — spirit — evil — is — the Witch — special — abilities

ditu, eta hari egozten zaizkio uztaren hondatze
she has — and — to her — blame — is to her — harvest — ruining
she is blamed for — harvests getting ruined

ezustekoak, errota eta burdinolen matxurak, gaixotasun
unexpected — mill — and — forge-of — breakdowns — illness(es)

eta heriotza misteriotsuak, itsasontzien urperatzeak,
and — death(s) — mysterious — ships' — sinking

eta abarrak. Berain izatea zalantzan jarri dutenei,
and — others — their — existence — in doubt — put — to those who have
et cetera

sorginek eman diete erantzuna esaldi honekin: "Ez
witches — give — the — the answer — sentence — with this — not
have answered them

geala, ba-geala, amalaumilla emen geala".
we are — yes we are — fourteen thousand — here — we are

Jeinu honen eraginez, sorginduak dauden pertsonei ere
spirit — this — by influence — bewitched — are-who — people — also
because of — to the people who are bewitched

sorginak deitzen zaie. Gehienetan emakumezkoak dira,
witches — called — are — most of the time — women — they are

dohai bereziak dituzte, eta gaiztakerietan jarduten dute.
abilities — special — they have — and — bad deeds — doing — they do

Emakume hauek taldean dihardute, eta, data
women — these — in group — they act — and — (on) date(s)

74

jakinetan, gauez ospatzen dituzten batzarretara joaten
certain at night celebrate they do to meetings go

dira hegan. Gizakiaz gaindiko dohain hori lortzeko,
they do flying human over ability that to get
superhuman

ukendu batez igurzten dira, eta esaldi hau esaten
ointment with a rub they do and phrase this say
they rub themselves

dute: Sasi guztien gainetik eta odei guztien azpitik.
they do bushes all of over and clouds all of under
over all the bushes under all clouds

Sorginen bilkura horiei akelarreak deitzen zaie. Bilkura
the witches meeting(s) those akelarres called are meeting(s)
to those meetings of witches

haiek Akerbeltzen gidaritzapean burutzen zituzten;
those (under) the black goat's leadership carried out they did

bertan, gorputza ukenduz igurtzi, eta
there the body with ointments rub and

belarrekin egindako edabeak edaten zituzten. Belarren
with herbs made potions drank they did the herbs'
potions made with herbs

ezaugarriak ederki omen zekizkiten; pozoitsuak,
characteristics very well it is said they knew poisonous

sendabelarrak, aluzinagarriak, eta abarrak. Dantzaldiak
healing herbs hallucinogens et cetera dances

egiten zituzten musikaren laguntzarekin, eta sexu
did they did (with) the music's help and sexual

harremanak nahasian izaten omen zituzten. Jai
relations mixed had it is said they did festivities

haietan, Jesukristo arbuiatu eta Akerbeltz gurtzen zuten,
in those Jesus Christ rejected and Akerbeltz worshipped they did

eta haien arerioei begizkoak eta biraoak botatzen
and their opponents to the evil eye and curses sent
to their enemies

75

zizkieten. Sorginak animalia forma hartzen du nahi
they did — the witch — animal — shape — take — does — want

duenean; batez ere katu beltz itxura.
when she does — especially — cat — black — look

Nola bihurtzen da gizaki bat sorgin? Herri sinismenak
how — become — does — human — a — witch — popular — belief

dionez, honako arrazoiak izan daitezke: eliza baten
says-as — these — reasons — be / can (can be) — church — a

inguruan hiru buelta emateagatik, ondo bataiatua
around — three — rounds — for giving / for walking around — well — baptized

ez izateagatik, sorgin batekin harremanak izateagatik
not / for having been / for not having been — (with) witch — a — relations — for having

edota bere jantziak jazteagatik, berarengandik kuttun bat
or — her — clothes — for wearing — from her — gift — a

jasotzeagatik, edo Etsairi muxu bat eman ondoren
for receiving — or — to the devil — kiss — a — give — after

esaera hau esatean: "por se, zalpate, fuente fa, funte
phrase — this — saying — "por — se — zalpate — fuente — fa — funte

fi, txiri, biri, ekatsu, ekatsu, amen".
fi — txiri — biri — ekatsu — ekatsu — amen

SORGINAREN UKENDUA
the witch's — ointment

76

Orain dela mende asko, gudu gogorrak izan zituzten
now that it is centuries many war(s) hard had did
ago tough wars

arabarrek beren lurretara erasoz etorri ziren
the Alavans their lands-to attacking came did-that
(people from Alava)

mairuen kontra. Garai hartan, jazoera bitxi bat gertatu
arabs against time in that event weird a happened

zen Zaitegiko lurretan (Zigoitian).
did from Zaitegi lands (in Zigoitia)
in the lands of Zaitegi

Behin batean, mairuen gudarosteari sekulako galerak
once upon a time the moors' army-to huge losses
to the arab army

eragin zizkiotelarik, haiek amore eman eta
provoked having they and

alde egingo zutela uste izan zuten arabarrek. Ez
side make that they would believed (past) did the alavans not
that they'd leave

zen horrelakorik gertatu, ordea. Biharamunean,
did something like that happen however the next day

bezperan bezain indartsu agertu zen mairuen
the day before as strong showed up dd the arabs'

gudarostea. Berriro aritu ziren borrokan eta zelaia
army again -ing they were fighting and the field
they were fighting

mairuen soldaduen gorpuz betea geratu zen, baina
(with) arab soldiers' corpses full of ended up did but

hurrengo egunsentian bezperan adina soldadu zeuden
the next dawn the day before as many soldiers there were

berriro etsaien gudarostean.
again (in) the enemy's army

77

Eguna joan eguna etorri, gauza bera gertatzen zen
day go day come thing the same happened did
day after day

beti. Halako batean, arabar soldadu batek horren
always then alavan soldier a such

gertaera misteriozkoaren egiazko arrazoia jakitea erabaki
event mysterious' true reason to know decided
to find out

zuen. Beste borroka bat egin zuten eta milaka
did other fight a made they did and thousands of
they had

soldadu mairu hil zituzten. Orduan, bere lagunak
soldier(s) arab killed they did then his friends

lotan zeuden bitartean, arabar gaztea zaindari geratu
sleeping they were meanwhile alavan young man guarding stayed

zen, begia etsaiaren zelaitik kendu gabe.
did his eyes enemy's field-from taking away without
from the enemy field

Gauerdian, itzal bat agertu eta hildako soldadu mairu
at midnight shadow a appeared and dead soldier arab

baten alboan makurtu zen. Aldean zeraman buztinezko
a next to crouched did next brought earthenware

lapiko handi batetik ukendu pixka bat hartu eta
pot big from a ointment bit a took and
a bit

hildakoaren zauriak igurtzi zituen; berehala jaiki zen
the corpse's wounds rubbed did soon woke up did

hura, siesta batetik esnatu izan balitz bezala...
he nap from a woken up had if he did as
as if he had

Arabarrak ezin zuen sinetsi begiek ikusten zutena.
the Alavan could not / couldn't did believe his eyes seeing what they were

Kontuz-kontuz hurbildu zitzaien eta sorgin bat
carefully-carefully / very carefully got close he did to them and witch a

zela ikusi ahal izan zuen, bere gaiztakeriengatik
it was-that see could (past) / he could he did (for) her bad deeds

Arabatik kanpora bidalitako sorgin bat, hain zuzen,
from Alava abroad been sent / kicked out witch a indeed

orain, mendekua lortzeko, mairuen artean bizi zena
now revenge to get the arabs amongst lived one who did

eta haiek hil ahala piztu egiten zituena, arabarrak
and they die as they did revived (emphasis) did / one who did the Alavans

mendera zitzaten.
defeat to do

Luzaroan pentsatzen jardun gabe, soldaduak bere
for long thinking to be doing without the soldier his

lantza hartu eta sorginaren eta mairu piztu berriaren
spear took and the witch's and arab revived recently / freshly revived

gorputzak alderik alde zeharkatu zituen. Biak hilda
bodies from side to side pierced did both dead

geratu ziren. Lapikoa jaso, eta ukendu pixka batez
stayed did the pot took and ointment little with a

atsoaren zauria igurtzi zuen, ea funtzionatzen
the old woman's wound rubbed he did to see if worked

79

zuen ikusteko. Segituan piztu zen sorgina, eta mutilari
it did to see quickly revived was the witch and to the boy

esan zion:
told did

-Ez nazazu hil, arren! Ukendu miresgarri hori egiten
not you to me kill please ointment wonderful this to make
do not kill me

irakatsiko dizut...
teach you I will

Baina soldaduak, haren hitzak aintzat hartu gabe,
but the soldier her words into account taking without

lantza sartu zion eta behin betirako hil zuen.
the spear put did into her and once and for all killed her he did
speared her

Berri haiekin pozturik, lasterka itzuli zen bere
news with those happy running returned did (to) his

kanpamendura eta gertatutako guztiaren berri eman zien
camp and what happened all of news gave did
let know

han zeudenei. Haiek ezin zuten sinetsi
there those that were they could not did believe
to those who where there couldn't

entzuten ari zirena. Orduan, soldaduak esan zien:
listening -ing what they were then the soldier told them
what they were listening

80

-Hil nazazue eta gero igurtzi ondo zauriak
kill you all me and afterwards rub well (my) wounds
  kill me

honako ukendu honez. Ikusiko duzue!
this ointment this-with see you will
  with this ointment

Lagunek, jakina, ez zioten horrelakorik egin nahi,
(his) friends of course not did something like that do want to

baina gazteak gauza bera esaten zien
but the young man thing same said did to them

behin eta berriro eta, azkenean, hil egin zuten.
once and again and in the end killed (emphasis) him they did
  over and over again

Gero ukenduaz igurtzi zuten eta bat-batean piztu
then with the ointment rubbed him they did and suddenly revived

zen berriro.
was again

Ukendu magikoa berehala hartu eta aurreko
ointment magic quickly took and (in the) previous

egunetan hildako arabar guztiak igurtzi zituzten.
days died alavans all rubbed they did

Haiek piztu zirenean, mairuak behin betirako
(when) they revived did the arabs once for forever
  once and for all

menderatu ahal izan zituzten.
defeate could (past) they did
  they could

Eta zer gertatu zen ukenduarekin? Ba...
and what happen did with the ointment well

agortu egin zitzaiela eta ez zitzaien bururatu
ran out (emphasis) did to them and not did to them occur
they ran out of it occurred to them

zerbait gordetzea gehiago egiteko. Horrela bada,
some to keep more in order to make like that then

formula magikoa galdu egin zen. Geroztik asko
formula magic lost (emphasis) was since then many

saiatu izan dira formula hura errepikatzen, baina,
tried (past) have formula that to repeat but

guk dakigunez behintzat, inork ez du lortu ahal
we we know at least nobody not has manage able to
as far as we know

izan... oraingoz.
(past) for now

HIRU OLATUAK
(The) Three Waves

Bermeon bazen sorgin bat besterena beretzen
in Bermeo there was witch a others' things taking possession of
making hers what belongs to others

oso zalea. Egun batean, Matxin arrantzalea arrantzatik
very fan of day one Matxin the fisherman from fishing

zetorren eta saski bete antxoa zekarren, batzuk bizirik
was coming and basket full of anchovies was carrying some alive

zeuden oraindik. Sorgina bidera atera zitzaion:
were still the witch on the way took out herself to him
went out to meet him

-Kaixo, Matxin, gaur arrantza ona, ezta? -esan zion.
hello Matxin today fishing good wasn't it said to him

-Bai, ez dago gaizki. Lan gogorra izan da, baina
yes not it is bad work hard been has but

azkenean lanak balio izan du -erantzun zion
in the end work worth it been has answered did to her

arrantzaleak.
the fisherman

Handik alde egitera zihoan, nahiago baitzuen
from there side to make he was going preferred he did-because
         to leave   because he preferred

sorgin batekin hizketan inork ez ikustea, baina hark
witch with a talking nobody not to see him but she

esan zion:
said to him

-Aizu, zergatik ez dizkidazu antxoa horiek ematen?
hey why don't you-to me anchovies those give

-Baina zer diozu, emakume? -esan zion Matxinek
but what are you saying woman said did to her Matxin

bere onetik ateratzen hasirik- zu burutik egina
(from) his good getting out of beginning you from the head done
        to get angry   crazy

zaude! Alde nire bidetik, atso zahar hori!
you are get out (from) my way old woman old that
         get out of my way   you old woman

83

Eta hori esanez, mutilak bultzada batez
and that saying the young man push with a

baztertu zuen eta bere bideari jarraitu zion. Sorginak
pushed aside her did and his way follow did the witch
pushed her aside

ezin zuen bere haserrea disimulatu.
could not her anger hide

-Madarikatua! Hau ez duk horrela geratuko! Ordainduko
damn you this not will like this end pay

didak, bai! -esan zuen ukabila jasoz.
you will to me yes say did the fist raising

Eta, hori esanik, bere alabaren eta lagun sorgin baten
and that having said her daughter and friend witch a

bila joan zen.
looking for go she did
he will have us

-Entzun ondo! Matxin arrantzaleak bere saskikada
listen well Matxin the fisherman his basket of

antxoa ukatu dit eta gainera, atso zaharra deitu
anchovies denied to me and also old woman old called

dit... eta hori bai ez diodala barkatuko! Bihar
did to me and that yes not I will to him forgive tomorrow
certainly

itsasoratzen denean, zain edukiko gaitu. Hiru olatu
sail into the sea when he does waiting will have he us three waves
he will have us

erraldoi bihurtuko gara. Mendeku hartuko dut!
giant become we will revenge take I will

84

Lehenengo olatuak kezkatu egingo du, bigarrenak
the first / wave / worry / will / him / the second one

ikaratu eta hirugarrenak... hirugarrenak
scare / and / the third one / the third one

hondoratu egingo du!
sink / (emphasis) / will him
will sink him

Eta hirurak hondartzarantz abiatu ziren. Matxinek ez
and / all three / towards the beach / started / they did / Matxin / not

zuen salbaziorik izango, baldin eta Takiok, bere auzoak,
would / salvation / have / if / and / Takio / his / neighbor
if Takio

dena entzun eta lagunari esan ez balio. Matxin
all / heard / and / to his friend / told / not / if he had / Matxin
if he hadn't

kezkatu xamar geratu zen... ez zen gauza ederra olatu
worried / quite / became / did / not / was / thing / great / wave

bihur zitekeen sorgin ahaltsu batekin gaizki
become / could-that / witch / powerful / with a / (on) bad (terms)
took from

egotea... Hala ere, itsasoratu eta erasorako prestatzea
to be / anyway / to sail / and / for the attack / to get ready

erabaki zuen.
decided / he did

Biharamunean, ohi zuen bezala, sareak prestatu eta
the next day / habitually / he did / as / the nets / prepared / and

Takiorekin itsasoratu zen, hark berekin joan
with Takio / sailed / he did / he (Takio) / with him / to go

nahi zuela adierazi baitzion.
wanted / he did-that / express / had him
that he wanted / because he had expressed to him

Bazeramaten alditxo bat itsasoan, eta horretan olatu
they had been / small time a / at sea / and / then / wave
a short while

handi bat ikusi zuten beraiengana zetorrela.
big / a / saw / they did / towards them / coming

-Hona lehenengoa! -esan zuen Matxinek.
here / the first one / said / did / Matxin

Olatua iritsi eta gora-gora jaso zuen txalupa.
the wave / arrived / and / upwards / raised / did / the boat

Handik pixka batera bigarren olatua azaldu zen.
from that / (to) little a / (the) second / wave / show up / did
soon after

-Hara, bigarrena! Eutsi, Takio, honek
look / the second one / hold on / Takio / this one

dantzan jarriko gaitu eta!
dancing / put / us it will / because
will shake us

Eta hala gertatu zen. Bigarren olatua aurrenekoa
and so happened it did the second wave the first

baino handiagoa zen eta txalupa lehenengo ezkerrera
than bigger was and the boat at first to the left
bigger than

eta gero eskuinera etzanarazi zuen. Bazirudien txalupa
and then to the right bounced did it looked like the boat

une batetik bestera hondoratuko zuela. Baina
moment from a to another sink would-that but
at any moment

bigarren olatua ere pasa zen.
the second wave too passed did

Azkenean, urrutira, hirugarren olatua ikusi zuten.
finally far away the third wave see they did

Izugarria zen, besteak baino askoz handiagoa, beltza
enormous it was the others than a lot bigger black

eta beldurgarria.
and scary

-Hara, bada, hirugarrena! Eme egon, Matxin -esan zion
look so the third one alert stay Matxin say did

arrantzaleak bere buruari-, okerrik egiten baduk galdua
the fisherman his head-to a mistake make if you do lost
to himself

haiz eta!
you are because

87

Matxinek	arpoia	hartu	zuen	eta	erasoari
Matxin	the harpoon	took	did	and	to the attack

aurre	egiteko	prest	jarri	zen.	Olatu	izugarri	hura
face	to do	ready	got (himself)	he did	wave	huge	that
to confront							

txalupa	eta	bi	gizonak	irenstera	zihoanean,
boat	and	two	men	to swallow	when it was about to
		both			

Matxinek	arpoia	jaurtiki	zuen	olatuaren	bihotzera,
Matxin	the harpoon	launched	did	(to) the wave's	heart

erdi-erdira.	Ikaragarrizko	oihu	bat	entzun	zuten,
right in the middle	dreadful	cry	a	heard	they did

olatua	gorri-gorri	bihurtu	zen	segituan	eta	txalupa
the wave	completely red	became	did	immediately	and	the boat

ukitu	gabe	desagertu	zen.
touching	without	disappeared	did

Matxin	eta	Takiok	pozaren	pozez	elkar	besarkatu
Matxin	and	Takio	(with) happy's	happy	each other	hugged
			really happy			

zuten	eta	portura	itzuli	ziren;	arrantzarik
did	and	to the harbor	went back	did	fishing

egin	gabe	zetozen,	baina	aski	zuten	egun	hartarako.
doing	without	they came	but	enough	they had	day	for that
without going							

Biharamunean	herritar	guztiak	galdezka	ziren	zer
the next day	villagers	all of	asking	were	what

gertatu	ote	zitzaion	sorgin	famako	emakume	bitxi
happened	could have	to her	witch	known	woman	weird
what could've happened			known as witch			

hari, arrastorik utzi gabe desagertu baitzen,
to that / traces / leaving / without / disappeared / because she had

hondartzan azaldu zen lepoko zapia ez bazen. Inor
in the beach / appeared / had-that / neck / scarf / not / was / nobody
scarf / except for

ez zen ausartu haren alabari eta lagunari ezer
not / did / dare / (to) her / daughter / and / friend / anything

galdetzera; haiek, beltzez jantzirik, negar eta negar ari
asking / they / in black / dressing / crying / and / crying / -ing

ziren itsas bazterrean.
they were / (on the) sea / shore

Horretatik, Bermeoko arrantzaleek beti gogoratzen dute
from that day / Bermeo / fishermen / always / remember / they do

historia hau, eta beti batera azaldu ohi diren
story / this / and / always / together / show up / habitually / do-that

olatuei "hiru Mariak" deitzen diete.
to the waves / "three / Marias" / call / they do

Mari

Euskal — Basque
mitologiako — mythology-from
jeinu — spirit
garrantzitsuena — most important
da — is
Mari, — Mari

beste — other
jeinu — spirit
guztien — all of
buruzagia — leader
edo — or
nagusia. — the main one
Naturaren — Nature's

the leader of all the other spirits

eta — and
beronen — its
osagai — elements
guztien — all of
erregina — queen
da. — is
Mari — Mari

kristautasuna — Christianity
gure — (to) our
herrira — country
iritsi — arrived
aurrekoa — earlier
da, — is
eta — and

aspaldiko — (for the) ancient
euskaldunentzat — basques
jainkosa — goddess
maila — level
zuen. — she had

Historiaurrean — in Prehistoric times
Europan — in Europe
bizi — lived
ziren — did-that
herriek — peoples
gurtzen — worshipped

zuten — did-that
Ama — mother
Jainkoaren — goddess
ezaugarri — characteristics
nabarmenak — clear
ditu. — has
Oso — very

antzinakoa — ancient
dugu — it is
beraz. — therefore

Justiziaren — Justice's
jainkosa — goddess
dugu — is (lit. we have)
Mari, — Mari
zintzotasunaren — honesty's

defendatzaile — defender
eta — and
injustizien — injustices
aurrean — against
zorrotz — strict
jokatzen — to act

duena. — one who does
Jeinu — spirit
honek — this
gezurra, — lying
lapurreta, — stealing

emandako — given promise
hitza — word
ez — not
betetzea, — keeping
pertsonenganako — for the people
errespetu — respect

eza | eta | harrokeria | arbuiatzen | ditu; | aldiz,
lack of | and | arrogance | reject | does | instead

besteenganako | laguntasuna | saritzen | du. | Harengan
towards others | friendship | reward | she does | in her

sinesten | dutenei | laguntza | eta | opariak | ematen | dizkie;
believe | to those who | help | and | gifts | give | she does

aldiz, | sinesten | ez | dutenak | zigortu | egiten
on the other hand | believe | not | those who | punish | (emphasis)
 | | those who don't | | |

ditu. | Lapurrei | lapurtu | dutena | kentzen | die;
she does | (from) thieves | stolen | what they have | takes away | she does

eta | harrokeria | erabili | duenari, | zertaz | harrotu | den,
and | arrogance | used | to he who has | about whatever | bragging | he is

hura | kentzen | dio.
that | takes away | from him she does

Naturaren | indarra | irudikatzen | du, | eta, | bere
nature's | strength | represents | she does | and | her

botere | ahaltsuarekin, | naturako | indarren | arteko | oreka
power | mighty-with | nature's | strengths | between | balance
 | with her mighty power | | | |

mantentzen | du. | Naturaren | erregina | da, | eta, | Mari
maintains | she does | nature's | queen | she is | and | Mari

hurbil | denean, | ekaitza | etortzen | da. | Leku | askotan
nearby | is-when | (a) storm | comes | does | place(s) | many-in
 | | | | | in many places

joaten | ziren | Marirengana | kazkabarra | uxatzeko | eskatzera.
went | they did | to Mari | hail | to repel | to ask her

Askotan, dotore jantzitako emakume eder
often elegantly dressed woman beautiful

baten itxuran agertzen zaigu. Durangon, eskuetan
a-of with the looks (she) shows up to us in Durango in her hands
with the looks of a

urrezko jauregi bat duela; Amezketan, lau
a golden palace a having in Amezketa four

zaldik daramaten gurdi baten gainean zerua zeharkatzen
horses carrying-that chariot in a on top of the sky crossing
chariot pulled by horses

ikusi izan dute; Oñatin, ahari baten gainean.
seen her (past) they have in Oñati ram a on top of

Animalia itxuran, suzko igitai itxuran, haize bolada
animal shaped fire-of sickle shaped wind rush
a sickle of fire

itxuran edo hodei nahiz ostadar itxuran ere azaltzen
shaped or cloud or rainbow shaped too appears

da zenbait lekutako elezaharretan. Bere haitzulo
she does (in) some places' legends her cave

sarreran, ondoan ahari bat duela ere agertzen da,
entrance at (her) side ram a having too appears she does

hori baita bere animalia kuttuna. Anbotoko kobazulo
that is her animal favourite from Anboto the cave
because that is

aurrean, ahariaren adarrean urrezko hari mataza bat
in front of (in) the ram's horns golden thread mess a
tangle of thread

biltzen ere ikusi izan dute.
gathering too seen (past) her they have

92

Mari, lur azpian bizi da, eta haitzuloetatik nahiz
Mari ground under live does and from the caves or

zuloetatik kanporatzen da. Norbait Mariren bizilekura
from holes comes out does someone (to) Mari's home

sartuz gero, zigortu egiten du; eta haren
enters if punishes (emphasis) she does and (with) her

baimenarekin norbait hurbiltzen bazaio, beti hika
permission someone comes close if does to her always colloquially
if someone comes up to her (in "hika")

hitz egin behar dio, ez da inoiz eseri behar haren
word make has to to her not is never sit must her
talk one never

aurrean, eta ez zaio inoiz bizkarra eman behar Mariri.
in front and not to her never back give must to Mari
one never turn his back on

Mariren senarra Maju jeinua dela kontatzen dute
Mari's husband Maju spirit is-that tell they do

Oñatin; aldiz, Goierriko elezaharrek Sugaar dela esaten
in Oñati however from Goierri legends Sugaar is-that say

dute. Bere semeak Mikelats eta Atarrabi jeinuak omen
they do her sons Mikelats and Atarrabi spirits it is said

dira.
they are

Mari eta Bizkaiko Jauna
Mari and from Viscay the Lord
the Lord of Viscay

93

Don / Diego / Lopez / Harokoa / Bizkaiko / Jauna / zen
Don (Sir/Lord/Mr) / Diego / Lopez / of Haro / of Viscay / Lord / was

XIV. / mendean. / Ehiztari / porrokatua / zen / eta
(in the) XIV / century / hunter / insatiable / he was / and

ahal / zuen / guztietan / ateratzen / zen / basurde / edo
could / whenever he could / all-in / went out / he did / boar / or

beste / piztiaren / baten / bila. / Izan / ere, / garai
other (beste ... bat: another) / beast / a / in search of / be / also / time
after all

hartan, / horrelako / animaliez / beteak / baitzeuden / gure
in that / like those / of animals / full / since they were / our
full of such animals

mendiak.
mountains

Egun / batean, / pieza / on / baten / atzetik / zebilela,
day / one / piece / good / a / behind / when he was
one day

emakume / bat / ikusi / zuen / haitz / baten / gainean / kantari.
woman / a / saw / he did / rock / on a / above / singing
over a rock

Guztiz / ahots / zoragarria / zuen / eta / Don / Diegori / haren
totally / voice / wonderful / she had / and / (to) Don / Diego / its

jabea / ezagutzeko / gogo / bizia / egin / zitzaion; / hala,
owner / to meet / desire / big / made / itself to him / so
felt

harengana / hurbildu / zen.
to her / got close / he did

94

Bere bizi guztian ez zuen horren emakume ederrik
(in) his life entire not had such woman beautiful

ezagutu. Garaia eta dotorea zen, larruazal zuri
met tall and elegant she was skin white

leunekoa. Haren begi beltz sakonek kontrastasun bizia
smooth her eye(s) black deep contrast intense

egiten zuten ia lurreraino iristen zitzaion ile urre
made did almost to the ground reached did-that hair golden

kolorekoarekin. Urrez bordatutako soineko berde bat
coloured with golden embroidered dress green a

zeraman eta kopetan zinta bat, urrezkoa hura ere.
she wore and in her forehead ribbon a golden that one too

Hainbesterainoko distira zuen emakume hark, non
so much shine had woman that where

itsu-itsuan maitemindu baitzen Don Diego.
completely in love fell Don Diego

-Nor zara? -galdetu zion.
who are you asked her

-Anbotoko Dama -erantzun zion hark.
from Anboto Lady answered did to him she
the Lady from Anboto

-Zu Anbotoko Dama zarenez eta ni Bizkaiko Jauna,
you from Anboto Lady as you are and I from Viscay Lord
Lady from Anboto the Lord of Viscay

nahi al duzu nirekin ezkondu?
want (question) you with me marry

95

Damak (the Lady) **onartu** (accepted) **zuen,** (did) **baina** (but) **gauza** (thing) **bat** (a)

aginduarazi (made to promise / made him promise) **zion:** (did to him) **bere** (her) **aurrean** (in front of) **ez** (not) **zuela** (would) **inoiz** (ever)

aitarenik (the sign of the cross) **egingo.** (make) **Mari** (Mari) **eta** (and) **Bizkaiko** (from Viscay) **Jauna** (Lord) **ezkondu** (got married)

ziren (did) **eta** (and) **semea** ((a) son) **eta** (and) **alaba** ((a) daughter) **izan** (had) **zituzten;** (they did) **Alabari** (to the daughter)

Urraka (Urraka) **deitu** (called) **zioten** (they did) **eta** (and) **semeari** (to the son) **Iñigo** (Iñigo) **Gerra** (Gerra)

jarri (put) **zioten** (they did / they named) **izena.** (the name)

Urteak (years) **aurrera** (forward) **zihoazen** (went / went on) **eta** (and) **denak** (all) **zoriontsu** (happy) **bizi** (lived) **ziren** (did)

Diego ((in) Diego) **Lopez** (Lopez) **Harokoaren** (of Haro's) **gazteluan.** (castle) **Egun** (day) **batean,** (in one / one day) **Don** (Don)

Diegok (Diego) **basurde** (boar) **handi** (big) **bat** (a) **ekarri** (brought) **zuen** (did) **ehizatik** (from hunting)

bueltakoan; (when coming back) **sukaldariek** (the cooks) **berehala** (soon) **maneiatu** (prepared) **zuten** (it they did)

afarirako. (for dinner) **Familia** (family) **osoa** (the whole) **mahaian** (at the table) **zegoela** (as it was) **etxeko** (from home) **bi** (two)

zakur (hounds) **sartu** (entered) **ziren** (did) **jangelan** (in the hall) **eta** (and) **zaunka** (barking) **hasi** (started) **janari** (food)

eske. (asking for) **Bat,** (one) **zakur** (spanish bulldog) **alano** **handi** (big) **bat** (a) **zen,** (it was) **oso** (very) **oldarkorra,** (agressive)

96

eta bestea, urtxakurra, askoz txikiagoa. Don Diegok,
and the other a spaniel much smaller Don Diego

barrez, basurde hanka bat bota zien. Bi zakurrek
laughing boar leg a threw did to them the two dogs

gogor ekin zioten hankari, zeinek zeini kenduko, eta,
hard caught did the leg which to which to take away and
fighting for it

denen harridurarako, txakur txikiak handia hil
to everyone's surprise dog the small the big one killed

egin zuen eta basurde hanka herrestan hartuta
(emphasis) did and boar leg dragging having taken

alde egin zuen. Don Diegok, ezin izan zuen
side made did Don Diego couldn't (past) did
left couldn't

erremediatu, eta aitaren egin zuen, esanez:
help himself and the sign of the cross made did saying

-Jaungoiko nirea! Nire bizian ez dut horrelakorik
God my in my life not have something like that

ikusi!
seen

Une hartantxe bertan, Marik bere alabari eskutik
moment that very same-in Mari her daughter by the hand
in that very moment

heldu eta biek hegan alde egin zuten leiho batetik.
took and both flying side made did window from a
left

Geroztik ez zen haien berririk izan.
since then not was from them news had

97

Urteak joan ziren eta, gaztelarren aurkako gerra batean
the years went did and the castilians against war in a
passed

preso hartu zuten Don Diego eta Toledoko gotorleku
prisoner took they did Don Diego and in Toledo a fortress

batera eraman zuten. Iñigo Gerra aholku eske
to a brought him they did Iñigo Gerra advice asking for

ibili zen bere ahaideen artean, aita askatzeko
going around was his relatives among (his) father in order to free
went around

zer egin; inork ez zekien, ordea, nola askatu aita,
what to do nobody not knew however how to free father

harik eta behin agure zahar bizarzuri batek honela
until old man old white bearded a like this

esan zion arte:
said did to him until

-Iñigo, laguntza behar baduk hoa heure amarengana,
Iñigo help need if you do go to your mother

hark esango dik zer egin.
she will tell to you what to do

Iñigo, bada, Anbotora joan zen, eta, haratu zenean,
Iñigo so to Anboto went did and arrive when he did

haitz baten gainean ikusi zuen Mari.
rock on a over saw he did Mari
over a rock

-Iñigo	Gerra,	seme	-esan	zion-,	hator	niregana,
Iñigo	Gerra	son	said	she did to him	come	to me

bazekiat	zertara	hatorren	eta;	aita	espetxetik	nola
I know	what for	you come	because	father	from prison	how

askatu	galdetzera	hator.
to free	to ask	you come

Marik	oihu	bat	egin	zuen,	eta	zaldi	zuri	eder	ongi
Mari	cry	a	made	did	and	horse	white	nice	well
		gave out a cry							

zelatu	bat	azaldu	zen.
saddled	a	appeared	did

-Pardal	dik	izena	-esan	zion-	To	hiretzat.
Pardal	has (as its)	name	told	she did to him	take it	for you

Guduak	irabazten	lagunduko	dik,	baina	zela
wars	winning	help you	it will	but	(its) saddle

ez	diok	inoiz	kendu	behar,	ezta	jan-edanik	eman	ere.
not	you do	never	take off	must	nor	food or drink	give (it)	either
	you never							

Gaur	bertan	Toledora	eramango	hau	eta	biak
today	this very	to Toledo	bring	you it will	and	both of you
	this very day					

ekarriko	zaituzte	etxera.
bring	it will	home

Eta	hala,	Iñigo	zaldi	gainera	igo	eta,	konturatu
and	like that	Iñigo	horse	on top of	climbed	and	realizing

zenerako,	aita	preso	zeukaten	gazteluko	patioan
before	father	prisoner	they had	castle's	courtyard
				in the castle's courtyard	

zegoen.	Bilatu	zuen,	eskutik	heldu	zion	eta
he was	found	him he did	by the hand	took	him he did	and

zaldia	zegoen	tokira	eraman	zuen,	eta	biak
the horse	was-that	to the place	brought	him he did	and	both

to the place the horse was

itzuli	ziren	Bizkaira;	inork	ezin	izan	zien	ezer
returned	did	to Viscay	nobody	could	(past)	to them	anything

egin,	biak	ikusezin	bilakatuak	baitziren,	bitartean.
do	both	invisible	become	because they had	in the meantime

Orduz	geroztik,	Bizkaiko	Jaunaren	etxean	hiltzen
then	since	from Viscay	Lord's	home-in	killed

the Lord of Viscay's

zituzten	behi	guztien	barrukiak	haitz	baten	gainean
they did-that	cow	all's	bowels	rock	a	over

uzten	zituzten	Marirentzat	opari.	Eta,	esaten	zutenez,
leave	they did	for Mari	as a gift	and	say	as they

hala	egin	behar	omen	zen,	bestela	gaitz	izugarriren
so	done	must	it is said	was	otherwise	disease	horrible-some

it is said it had to be done

bat	etorriko	omen	zen	eta,	Jaunaren	edota	etxearen
a	come	it is said	would	because	Lord	or	the house

gain.	Eta	halaxe	geratu	zen,	gertatu	ere.	Don
over	and	like that	stayed	it did	(it) happened	too	Don

it stayed that way

Diegoren	birbiloba	batek	ez	zuen	gehiago	oparirik
Diego's	great-grandson	a	not	did	anymore	offers

egin,	eta	begi	bat	galdu	zuen	ohitura	hura
make	and	eye	an	lose	did	custom	that

ez	betetzeagatik.
not	for fulfilling

for not fulfilling

Mari Urrika eta Artzaina
Mari Urrika and the shepherd

Behin, «Aldrabasketa»ko artzain zaharrari, Anbotoko Mari
once from Aldrabasketa shepherd old-to the from Anboto Mari
to the old shepherd

Urrikak ikatz piztua eskaini zion. Baina, artzain
Urrika (piece of) coal lit offer did but shepherd

zahar hark eskaini zion oparia inola ere ez
old that offered she had to him-that gift no way also not
the gift she offered him at all

zuen hartu nahi izan.
did to take want (past)

Orduan, Mari Urrikak, oparia ez hartzearen zergatia
then Mari Urrika the gift not taking the reason of
the reason for not taking

jakin nahian, artzain zaharrari hauxe galdetu zion:
know wanting to shepherd old-to this asked did

- Zergatik ez duzu hartu nahi ikatz polit hau?
why not you have to take wanted coal nice this
wanted to take

- Hamaikatxo horrelako badago gure supazterrean... Ez,
a lot like that there is in our chimney no

opari hori ez daramat inora!
gift this not I bring anywhere

101

- Oker zaude, artzain: honelakorik ez dago zure
  wrong you are shepherd like this not there is in your

etxean. Hartu eta eraman ezazu, ba, eta zeure
home take and take (command) so and at your
     (grab)   bring it

etxean ikusiko duzu ondo, hau den gauza ederra. Ikatz
home see you will well this such thing beautiful coal
                              nice thing

berezia da... Tira, eraman ezazu.
special it is come on take it

Esanen-esanez eta ekinen-ekinez, halako batean, artzain
saying-saying and insisting-insisting in the end shepherd
  after all that was said and done

zaharrak hartu zuen ikatza. Eta gure gizona, ikatza
the old took did the coal and our man the coal

eskuratzeaz batera, mendian zehar eta basoan behera
obtaining right after the mountain through and the forest down

etxerantz abiatu zen. Etxeratu zenean, bere
towards home started going arrived home when he did (to) his

emazteari arnas-hoska esan zion:
wife breathing heavily told her

- Hona hemen Mari Urrika-k eginiko oparia ...
  here here Mari Urrika made present
    here's   given (to me)

102

- Hori oparia! A lelotzarra! -esan zion irriz
  that / a present / so / stupid / said / did to him / laughing

emazteak-. Ikatza da eta! Sukalde supazterrean
the wife / coal / is / and / in the kitchen's / chimney
  it's just coal

hamaika holako badago...
a lot / like that / there is

- Gauza berezi bat dela esan dit eta,
  thing / special / a / it is-that / told / she did to me / because

hartzeko eta hartzeko esanez, nahi eta nahi ez
to take it / and / to take it / saying / wanted / and / wanted / not
  I wanted or not

hartu arazi dit.
take (it) / made / she did to me
  she made me take it

- Mari Urrikaren maltzurkeriak... -erantzun zion
  Mari / Urrika's / deceits / answered / did to him

emazteak.
(his) wife

- Maltzurkeria edo zera... ez dakit nik zer izan
  deceit / or / whatever / not / know / I / what / be
  I don't know

daiteken ere -esan zuen arduraz gizonak-. Ea, ba,
this can / either / said / did / worried / the man / let's see / then

eutsi ikatz hau, eta zelakoa den
grab / coal / this / and / how / it is

zeure eskuz eta begiz ikusi.
(with) your / hand / and / eye / see
  see it yourself

Eta besterik gabe, ikatz aparta hura, gizonaren esku
and else without coal special that (from) the man's hands
without further ado

gogorretatik emakumearen esku bigunetara igaro zen.
hard (to) the woman's hands soft passed did

Eta, zer izan zen orduan! Ikatz zatia emakumearen
and what happened did then the coal piece (into) the woman's

eskuetara heldu zenean, urrezko txanponak parrastaka
hands reached did-when golden coins in abundance

jauzi ziren sukaldearen erdi-erdira. Halako dirutzarik!
jumped did (to) the kitchen's center such a fortune

Hura ikustean, emaztea, pozaren-pozez zoro bat eginda,
that upon seeing the wife with happiness crazy a became

«hau zoriona, hau zoriona!» esanez deiadarka eta
such happiness such happiness saying yelling and

zarataka hasi zen.
making noises started she did

- Ikatz miragarri hau dela eta, zoriontsu gara, gizon!
coal wonderful this because of happy we are husband

-pozarren-. Dena dirua eta dena urrea! Holako
happy all money and all gold such

aberastasunik eta holako zorionik! Orain, baina, ene
riches and such happiness now but my
however

gizon, gure zoriona handiagotzeko, bihar goizean
husband our happiness in order to increase tomorrow morning

Anbotora joanda, Mari Urrikari honelako beste
to Anboto going (to) Mari Urrika like this other
(beste ... bat: another)

ikatz zati bat eskatu behar diozu... Orduantxe
coal piece a ask for have to you do then

bai izango garela benetako aberats eta zoriontsu...!
certainly be we will truly rich and happy
we'll really be

-¿Nahikoa zoriontsu ez gara, ba? -erantzun zion
sufficiently happy no are we already answer did to her
are we not

gizonak-. Lehenari begiratu ezkero, aberastasun asko
the husband to before look at since riches many
compared to before

daukagu bai, arranotan! Zertarako diru gehiago?
we have yes hell! what for money more
(exclamation)

-Ez, ez eta ez... Ez dugu nahikoa... -esan zuen
no no and no not we have enough said did

andreak negarrez-. Oraindik askozaz aberatsagoak izan
the wife crying still much richer be

gaitezke eta... Zoaz bihar Anbotora; zoaz andrearen
we can because go tomorrow to Anboto go your wife's

esana egitearren arren, eta Mari Urrikari ikatz bat
will in order to do and (to) Mari Urraki coal a
to obey

eskatu iezaiozu. Eta berak ezer galdetzen badizu,
ask for (command) and she anything ask if does
ask her for

105

emaztearen esana egitearren joan zarela esango
your wife's will in order to do going you are-that tell
                to obey

diozu...
you will to her

Gehiago gabe, Aldrabasketa-ko artzaina,
more without from Aldrabasketa the shepherd
with no other choice

emaztearen esana egitearren biharamun goizean
his wife's will to do the next day in the morning
        to obey his wife

Anbotora joan zen; eta bertako tontorrean Mari
to Anboto went did and there peak-on (to) Mari
                    at the peak there

Urrikari beste ikatz bat eskatu zion.
Urrika other coal a asked he did

Anbotoko andereari, artzainaren eskabideak barre eragin
from Anboto (to) the lady the shepherd's petition laugh made

zion; eta irri-barreka eta txantxetan, artzain
did to her and smiling and joking (to) the shepherd

zaharrari hauxe esan zion:
old this said she did

- Zer, artzain? Lehengo eguneko ikatza nekez hartu...
  what shepherd earlier day's coal hardly you took

eta orain zeu zatoz beste baten eske? Zer dela eta?
and now you come another one asking for why is that

- **Entzun,** **ba,** **Mari:** **atzoko** **ikatza**
  listen / Mari / yesterday's / coal

atsegin **ere** **atsegin** **izan** **dudala** **eta,** **emazteak**
pleasant / also / pleasant / had / I did / because / (my) wife
I liked so much

lehengoa **bezalako** **beste** **baten** **bila** **bidali** **nau...**
the one before / like / another / one / looking for / sent / me she did

Beraz, **andrearen** **esana** **egitearren** **etorri** **naiz.**
so / (my) wife's / will / to do / come / I have
to obey

- **Eta** **andrearen** **esana** **egiteko** **etorri** **zara?** **A,** **gizon**
and / the wife's / will / to do / come / you have / ah / man

oiloa! **-esan** **zion** **Mari** **Urrikak** **begirakune** **zorrotzez-.**
chicken / say / did / Mari / Urrika / (with a) look / sharp

Andrearen **esanak** **egiten** **badiharduzu,** **ez** **diharduzu**
the wife's / sayings / doing / if you are / not / you are doing

txarto **ere,** **zeure** **andrearen** **handinahikeriak**
bad / either / your / wife's / ambition

galduko **zaitu** **eta.**
lose / it will you / because
it will be your perdition

Mari **Urrikak** **artzain** **zaharrari** **ikatz** **handi** **bat** **eskuratu**
Mari / Urrika / shepherd / the old-to / coal / big / a / provided

zion; **eta** **artzaina,** **bestea** **bezalako** **ikatza** **izango**
did / and / the shepherd / the other one / like / coal / would be

zelakoan, **mendian-behera** **joan** **zen.**
thinking / down the mountain / went / did

Bitartean, **Mari** **Urrikak** **ahots** **itzalez** **hauxe** **abestu**
meanwhile · Mari · Urrika · voice · dark with · this · sang

zuen:
did

Andrea **etxean** **agintari,**
the wife · at home · gving orders

gizona **etorri** **mandatari;**
the husband · comes · obediently

izarrak **goian** **ager** **orduko,**
the stars · up there · show up · as soon as

damutuko **zaio** **berari.**
regret · it will · to him
he will regret it

Aldrabasketako **artzainak,** **ikatz** **zati** **eder** **hura** **ere,**
from Aldrabasketa · the shepherd · coal · piece · nice · that · too

aurreragokoa **lez,** **emaztearen** **eskuan** **ipini** **zuen,**
the one before · as · (in) the wife's · hand · put · did

urre-diruak **parrastaka** **irtengo** **zirelakotan.**
gold and money · in abundance · would come out · thinking

Baina orduan gertatu zen gertatu zena! Ikatza ukitzeaz
but then happened did happened what did coal touching

batera, emakumearen eskuak zapoz eta sugez bete-bete
as soon as the wife's hands frogs and snakes full of

egin ziren: ikatzaren barrutik irteniko zapo-suge
became did coal's from inside coming frog and snake

iguingarriak ziren. Aldrabasketa basetxeko bazterrak ere,
disgusting they were Aldrabasketa farm's corners too

pizti beldurgarriz bete ziren.
(with) beast(s) scary filled was

Halako zoritxarra ikusita, senar-emazte gaixoak negar
such misery seeing husband and wife poor crying

baten hasi ziren; eta beldur-ikaraz egin zituen
start did and frightened-shaking spent they did
trembling with fear

hurrengo egunak ere.
the next days too

Azkenez, herriko abadeari dei egitea erabaki
finally (to) the village's abbot (a) call to make decided

zuen. Eta abadeak, etxeko bazterrak ur
they did and the abbot the house's corners water

bedeinkatuaz bustita gero, pizti guztiak bidali
holy-with having sprayed after beast(s) all sent out

zituen.
he did

109

Pertsonaia Gehiago

Herensuge
the dragon

Suge itxura duen jeinu gaizto eta beldurgarria dugu
snake looks has spirit evil and scary is
(lit. we have)

hau. Elezahar batzuetan, zazpi buru ditu, baina
this legends in some seven heads has but

gehienetan bakarra duela kontatzen da. Haitzuloetan
in most a single one he has said it is in caves

bizi da, eta soilik gosea asetzeko ateratzen
lives he does and only (his) hunger to satisfy comes out

omen da bizilekutik. Haitzulo inguruko larreetan
it is said it is from his den cave around pastures-in
they say surrounding fields

dabilen ganadua bere hatsaren bitartez erakartzen
are grazing-that cattle his breath through attract

omen du Herensugeak, eta elikatzeko etxe-abere
is is said does the dragon and to feed himself farm animals

horiek jaten ditu. Beste zenbait lekutan diotenez,
those eat he does other some in places as they say

gizon-emakumeen haragia jaten du. Kontakizun askotan,
men and women's flesh eat he does stories in many

herriko jendeak, aldian behin, pertsona bat
of the village people in time once person a
villagers once in a while

eman behar dio Herensugeari, hark jan dezan;
to give have to they do to the dragon he eat so he can
they have to give so he can eat

horrela, aseta egoten da piztia eta herritarrak lasai
that way *satiated* *stays* *does* *the beast* *and* *the villagers* *in peace*

egon daitezke.
be *they can*

Teodosio Goñikoa
Teodosio *from Goñi*

Elezaharrak dioenez, Teodosio, Nafarroa menderatu nahi
the legend *as tells* *Teodosio* *Navarre* *conquer* *want*

zuten godoen aurka gerra egin ondoren etxera omen
did-that *the Goths* *against* *war* *making* *after* *home* *it is said*
after going to war

zetorren. Orduan, Erretabidean, Ollaranerako bidean,
he was coming *then* *in Erretabidea* *to Ollarane* *on the way*

gizon bitxi bat azaldu omen zitzaion, bere emazteak,
man *strange* *a* *show up* *it is said* *did to him* *his* *wife*
showed up to him, they say

Butroeko Konstantzak, maitale ezkutu bat zuela esanez.
from Butroe *Konstantza* *lover* *secret* *a* *had-that* *saying*
Konstantza of Butroe *saying that she had*

Amorruz erotu beharrean, Teodosiok zaldiari ezproiak
with rage *crazy* *going* *Teodosio* *his horse* *the spurs*

sartu, eta laster batean abiatu zen etxerantz: hala ere
put in *and* *soon* *in one* *started* *did* *towards home* *however*
quickly

ilunduta gero iritsi zen etxera, eta
gotten dark *after* *arrived* *he did* *home* *and*
when it was dark already

iritsi bezain laster igo zen logelara. Leihotik
arrived *as* *soon* *went up* *he did* *to his chambers* *from the window*
as soon as he arrived

sartzen zen ilargiaren argi urriarekin, ohean bi
entering was-that the moon's light scarce-with in the bed two

lagun zeudela ikustean, ezpata atera eta lo
people there were-that seeing his sword drew and sleeping

zeuden bi gorputz haiek alderik alde zulaturik, hil
were-that two bodies those from side to side piercing killed

egin zituen, bere emazte Konstantza eta haren
(emphasis) them his wife Konstantza and her

maitalea zirelakoan.
lover thinking they were

Logelatik irteterakoan, ordea, Konstantzarekin
from the chambers when coming out however with Konstantza

berarekin topo egin zuen, senarraren hotsak entzunda
with herself ran into he did the husband's noise having heard

esnatu egin baitzen.
woken up (emphasis) because she had

"Konstantza!" hasi zen Teodosio, harri eta zureginik.
Konstantza started did Teodosio stone and livid
completely astonished

"Teodosio! Hau poza!" esan zion emazteak,
Teodosio such joy say did to him (his) wife

pozaren pozez.
really happy

"Baina... zu hemen bazaude, nortzuk zeuden gure
but you here if you are who were there in our

ohean?" esan zuen Teodosiok bere onera itzuli ezinik.
bed said did Teodosio his good-to to return unable
unable to come back to his senses

"Zure gurasoak, Teodosio," azaldu zion emazteak.
your parents Teodosio explained to him (his) wife

"Bisitaldi egitera etorri zaizkigu eta etxeko gelarik
(a) visit to make came they have to us and from home chambers

hoberena eman diet, gurea."
the best given I have to them ours

Egin berri zuen izugarrikeriak erdi erotuta, Erromara
done just he had atrocity half gone made to Rome
turning him half mad

erromes joan zen Teodosio, eta apaltasun osoz onartu
as a pilgrim went did Teodosio and humility with all accepted

zuen han ezarri zioten zigorra: kate lodi bat gerrian
did there give him did-that punishment chain thick a in his waist

zuela izarpean lo egitea, harik eta katea gastatu
having under the stars sleep to do until the chain wore down

eta berez erortzen zitzaion arte, hori izango baitzen
and by itself fell did from him until that would be because

Jainkoak aita eta ama, biak hil izana barkatu zion
God father and mother both killed having forgiven had-that

seinalea.
the sign

Teodosiok (Teodosio) **Aralarko** (in Aralar) **mendietan** (in the mountains) **bizi** (living) **eta** (and) **ibiliz** (walking) **hasi** (started) **zuen** (did) **bere** (his) **penitentzia.** (penitence) **Zazpi** (seven) **urte** (years) **bazeramatzan** (he had spent) **zigorra** (the punishment) **betetzen,** (fulfilling) **baina** (but) **hasieran** (in the beginning) **bezain** (as) **berri** (new) **eta** (and) **trinko** (solid) **jarraitzen** (remained) **zuen** (did) **kateak.** (the chain) **Behin** (once) **batean,** (at one / one time) **ordea,** (however) **leize** (cave) **zulo** (hole) **batera** (to a) **hurbildurik,** (getting close) **izugarrizko** (scary) **hots** (noise) **bat** (a) **entzun** (heard) **zuen** (he did) **eta,** (and) **une** (moment) **hartan** (in that) **bertan,** (very same) **herensuge** (dragon) **beldurgarri** (frightening) **bat** (a) **azaldu** (showed up) **zitzaion,** (did to him) **bere** ((from) his) **ehun** (hundred) **urteko** (year long) **lotatik** (sleep) **esnatu** (woken up) **berria.** (freshly) **Gose** (hungry) **zen** (was) **herensugea.** (the dragon) **Teodosio** (Teodosio) **ikusirik,** (having seen) **harengana** (to him) **abiatu** (started moving) **zen** (did) **istant** (instant) **batean** (one-in / in an instant) **irensteko** (to swallow) **prest.** (ready)

Gizon (man) **gizajoa** (poor) — the poor man — **ozta-ozta** (barely) **zen** (was) **mugitzeko** (to move) **ere** (even) **gauza,** (able) (gauza izan: capable of) **penitentziak** (the penitence) **eta** (and) **zintzilik** (hanging) **zeraman** (he was carrying-that) **kateak** (the chain) **ahulduta.** (weakened by)

114

"San Migel!" hasi zen oihuka, herensugea ikustean.
Saint Michael started he did screaming the dragon having seen

"Lagun iezadazu, San Migel!"
help me Saint Michael
(command)

Haren oihua zeruan entzun zuten eta Jainkoak esan
his scream in the sky heard they did and God told

zion arkaingeruari:
did to the archangel

"Migel! Lurrean deika dituk..."
Michael on Earth calling for you they are

"Zurekin ez bada, ni ez naiz jaitsiko!" erantzun zuen
with you not if it is I not will go down answered did

hark.
he

Horrela bada, jaitsi zen San Migel Jainkoa
like that then went down did St Michael God

buru gainean zuela eta herensugearekin borrokan aritu
head on having and with the dragon a fight having
on his head

ondoren, hil egin zuen. Piztia hila lurrera
after killed (emphasis) it he did the beast dead to the ground

erortzearekin batera, Teodosioren gerriko katea ere
falling *right after* *Teodosio's* *from the waist* *chain* *too*

eten eta lurrera erori zen.
broke *and* *to the ground* *fall* *did*

Laguntza horren eskerronez, Teodosio Goñikok eta bere
help *that* *thankful for* *Teodosio* *of Goñi* *and* *his*

emazteak San Migel in Excelsis Santutegia eraikitzeko
wife *St* *Michael* *in* *Excelsis* *Sanctuary* *to build*

agindua eman zuten. Gaur egun ere, haurdun geratu
the order *gave* *they did* *today* *day* *also* *pregnant* *become*
even today

nahi duten andreak hara joan ohi dira, mesede
want *do-that* *women* *there* *go* *usually* *they do* *favor*
they usually go

horren eske.
that *asking for*

Hormetako batean zulo bat dago eta, diotenez,
walls-of *one-in* *hole* *a* *there is* *and* *as they say*
in one of the walls

infernuko hotsak entzuten omen dira handik. Jende
hell's *sounds* *heard* *it is said* *they are* *from there* *people*

askoren ustean, burua zulo horretan sartzean,
many *think* *the head* *hole* *in that* *when putting into*

buruko minak erabat joaten omen dira.
head *pain* *completely* *go (away)* *it is said* *that they do*
headaches

Kate batzuk ere badaude horma batetik zintzilik.
chain(s) some also there are wall from a hanging

Tradizioak dioenez, Teodosiorenak omen dira eta
as the tradition says Teodosio's it is said they are and

haiekin gorputzaren inguruan hiru itzuli emanez gero,
with them the body around three laps take if (you)

buruko eta haginetako minak etorri bezala joaten
head and tooth aches come as leave
as soon as they come

omen dira.
it is said they do

Gaueko
Nightly

Gaueko jeinua da berau; edo, agian, gaua bera da
Nightly spirit is this one or maybe the night itself is

Gaueko. Sinesmen zaharrek diotenez 'eguna
Nightly beliefs old as they say the day

egunekoentzat, gaua gauekoentzat' da, hau da, eguna
for the diurnal the night for the nocturnal is that is the day

pertsonentzat eta gaua gaueko espirituentzat.
for the people and the night (for the) night spirits

Pertsonek, gauez, etxean egon behar dute, hura da
people at night at home stay have to they do that is

pertsonen gotorlekua, eta gauez etxetik kanpo zenbait
people's fortress and at night from home outside many

117

lan — jobs
egiten — doing
ausartzen — dare
diren — do-that
pertsonak — people
Gauekoren — in Nightly's

the people that dare

hatzaparretan — clutches
harrapatuta — caught
geldituko — get
dira. — will be
Batez ere, — especially

gauari — of the night
beldurrik — scared
ez — not
diola — they are-that
esaten — saying
dabilena — he who goes around

zigortzen — punishes
du — does
jeinuak, — the spirit
errespeturik — respect
gabe — without
harroputzarenak — arrogant

egiten — acting
dabilena. — those who are
Haize — wind
bolara — gust
baten — a
bidez — by means of
abisatzen — warns

du — does
Gauekok — Nightly
gertu — near
dabilela, — that he is
eta — and
haizeak — the wind
haren — his
deiadarra — echo

ekartzen — brings
du: — does
"gaua — the night
gauekoentzat, — for the nocturnal
eguna — the day
egunekoentzat." — for the diurnal

Argi — light
distiratsua — bright

bright light

Gorbeialdeko — around Gorbeia
Arabako — in Alavan
lurretan — lands-in the
gaueko — of the night
jaunari — lord
Gau — Night

to the lord of the night

deitzen — called
zioten. — they did
Oso — very
arriskutsutzat — dangerous
jotzen — considered
zuten — they did
gauean — at night

etxetik — from the house
kanpo — outside
ibiltzea, — to be
Gauren — Night's
garaia — time
baitzen — since was
hura. — that

out of the house

because that was

118

Goizean   izotz   arrastoak   zeuden   bitartean   Gauren
in the morning   ice   trails   there were   as long as   Night's

eragina   zirauela   pentsatzen   zuten.
influence   remained-that   thought   they did

Gazte   batzuk   menditik   zihoazen   gau   batean,
young men   some   through the mountains   would go   night   in a

argi   distiratsu   bat   ikusi   zuen   batek,   eta   izugarrizko
light   bright   a   saw   did   one   and   (a) terrible

ikara   sartu   zitzaion.   Besteek   barre   egin   zioten,
scare   felt   he did   the others   laugh   did   to him

ez   zeukala   zertan   beldurrik   izan   esanez.   Orduan
not   he had-that   of anything   scared   to be   saying   then
that he didn't have

gazteak   erronka   bota   zien: ea   nor   ausartzen
the young man   challenge   threw   did to them   let's see   who   dared
    challenged them

zen   argiarenganaino   joatea.
did   until the light   to go

Batek,   arro-arro,   erronkari   heldu   zion,   eta
one   arrogantly   the challenge   took   did   and

argia   zegoen   lekuan   aurkitzen   zen   pinutik
the light   was-that   the place-in   situated   was-that   from the pinetree
in the place where the light was   from the pinetree that was

baietz   adar   bat   ekarri,   erantzun   zion.
that yes   branch   a   bring   answer   did
(he would)

119

Joan zen mutila argia zegoen lekura, eta pinuaren
went did the boy the light was-that to the place and the pine's
to the place where the light was

adar bat apurtzen ari zela argia beregana hurbiltzen
branch a breaking -ing was the light to him getting closer

hasi zen. Orduan konturatu zen, argi hura izugarrizko
started did then realized he did light that huge

zakur baten begien distira zela. Zakurrak esan zion,
hound a-of eyes' gleam it was-that the hound told him

gau ez desafiatzeko; gaua, espirituen eta hildakoen
the night not to defy the night the spirits' and the dead's

erreinua zela eta.
kingdom was-that because

Gaztea, beldurraren beldurrez besteengana joan zen,
the young man (with) fear's fear to the others went did
terrified

pinu adarra eman zien, eta hitzik egin gabe
the pine branch gave did to them and word making without
without saying a word

etxeratu zen. Etxera iristean oheratu zen, eta ez
went home did home upon arriving to bed he went and not
when he arrived home

zen gehiago esnatu.
did ever again wake up

Gauekoren hatzamarkadak
the Night's scratches
(lit. finger marks)

120

Lekeitioko hiru irule gauean etxerantz ziohazela
from Lekeitio three spinners at night towards home as they were going

hiru irrintzi entzun zituzten, eta beraiek ere erantzun
three yells heard they did and they too answered

egin zuten. Beldurraren beldurrez, lasterka batean,
(emphasis) did (with) fear's fear running simultaneously
terrified

Urkiza-aurrekoa etxean sartu ziren.
(into) Urkiza-aurrekoa house entered they did

Sartu eta atea itxi zutenean, gaueko jeinuak
entered and the door closed when they did the night's spirit

izugarrizko bultzada eman zion ateari, eta bertan
(a) huge thrust gave did to the door and right there

utzi zituen hamar hatzamarren seinaleak.
left did ten finger marks

Neska gaztearen erronka
girl young's challenge

Oiartzungo baserritar neska gazte batek egin omen
from Oiartzun farmer girl young a made it is said
(from the country)

zuen apustu, baietz iturritik ura ekarri gauerdia
she did a bet that yes from a fountain water bring midnight
(she would)

ondoren. Atera zen baserritik ontzi batekin ura
after went out she did from the farm (with) pot a water

ekartzeko asmotan, baina ez zen gehiago itzuli.
to bring with the intention but not did ever again return

121

Handik denbora **batera,** neskatxaren **ontzia,** **hutsik,** **eta**
from there (to) time a the girl's pot empty and
some time later

odol **tanta** **batzuk** **jausi** **omen** **ziren** **baserriko**
blood drop(s) some fell it is said did (from) the farm's

tximiniatik **behera.**
chimney down

Basajaun
Basajaun

Bere **izenak** **dioen** **bezala,** **'basoko** **jauna,** **jaun** **basatia'**
his name says as forest man man wild

dugu **jeinu** **ezagun** **hau.** **Basoaren** **sakonean** **edo**
is spirit well-known this forest deep-in or
(lit. we have) deep in the forest

leku **garaietan** **dauden** **haitzuloetan** **bizi** **da** **Basajauna.**
places up high are-that caves-in lives does the forest man

Pertsonaia **honek** **gizon** **handi** **eta** **izugarri** **baten** **itxura**
character this man big and scary a-of shape

du. **Gorputza** **ilez** **estalia** **du,** **adatsa**
has the body with hair covered has (his) long hair

belaunetaraino **iristen** **zaio,** **eta** **aurpegia,** **bularrak** **eta**
to (his) knees reaches does and the face the chest and

sabela **ia** **guztiz** **tapatzen** **dizkio.** **Oinetako** **bat**
the stomach almost completely covers does to him of (his) feet one

gizakienaren modukoa da, eta bestea
human's kind is and the other one
like a human's

oinatz borobil batez osatua dago.
footprint round a-of made up is
of a round footprint

Jeinu hau basoaren eta naturaren zaindaria da.
spirit this the forest's and nature's guardian is

Artaldeen babeslea da, bereziki. Horregatik, ekaitza
of the flocks of sheep protector he is especially for that a storm

datorrenean, Basajaunak orroa botatzen du artzainak
is coming-when Basajaun roar sends out does the shepherds

ohartarazteko. Orroari esker, artzainek garaiz jartzen
to warn to the roar thanks the shepherds early put

dituzte beren artaldeak babesean. Otsoengandik ere
do their flocks into safety from the wolves too

babesten du artaldea. Ardiek, Basajauna hurbil
protects he does the flock sheep Basajaun nearby

dagoela sentitzen dutenean, bat-batean, zintzarrien
is-that feel when they do suddenly the bells-of

astindu bat egiten dute, eta, hala, artzaina lasai
shake a do and like that the shepherd relaxed

egoteko moduan dago, otsoak ez baitira gerturatuko.
to be able to is the wolves not will-since get close

123

Batzuetan, jeinu ikaragarria eta gaiztoa balitz bezala
sometimes spirit frightening and evil if he were as
as if he were

ere agertzen zaigu, izugarrizko indarra eta bizkortasuna
too appears to us incredible strength and intelligence

duena. Beste batzuetan, lehen nekazari gisa azaltzen
having other times first farmer as appears
as the first farmer

da, eta, baita ere, lehen errementari edo lehen
he does and also (the) first blacksmith or first

errotari gisa. Lanbide guzti horien maisu da, eta
miller as trade all those-of master is and

gizakiak basoko jaun honi ostu dizkio zerra eta
humans of the forest man this-to stolen have the saw and
from this forest man

errotaren ardatza egiteko sekretua, bai metalak
the mill's axis to make the secret as well as metal

soldatzeko sekretua.
to forge the secret of

Basajauna eta San Martin Txiki: Zerraren sekretua
Basajaun and St Martin Small the saw's secret
the secret of the saw

Elezaharrak dioenez, behin batean, San Martiniko
the legend as says once upon a time St Martiniko

izeneko gizon ausart batek
named man brave a

zerra egiteko moduaren sekretua atera omen zion.
saw to make the way-of the secret got it is said did from him
the secret to making a saw

124

San | Martinikok | ba | omen | zuen
St | Martiniko | (emphasis) | it is said | had

Basajaunak | sortu | zuen | zerraren | berri, | baina | berak | ez
Basajaun | created | did-that | the saw-of | news | but | he | not
that Basajaun created | | | news of the saw

zekien | nola | ekoiztu. | Jakin-minak | bultzatuta, | trikimailu
knew | how to | produce (it) | curiosity | pushed by | trick

bat | bururatu | zitzaion.
a | came to his mind | did to him

Horrela, | bidali | zuen | morroia | herrira, | eta | hark | bere
so | send | he did | a servant | to the village | and | he | (that) his

nagusiak | zerra | egitea | lortu | zuela | zabaldu | zuen
boss | a saw | to do | manage | had-that | spread | did

herritarren | artean.
the villagers | amongst

Basajaunaren | belarrietara | ere | iritsi | zen | berria, | eta
(to) Basajaun's | ears | also | reached | did | the news | and

morroiari | horrela | galdetu | omen | zion: | 'Hire | nagusiak
to the servant | like this | asked | it is said | he did | your | boss

gaztainondo | hostoa | ikusi | dik, | ala?' | Orduan, | morroiak
the chestnut tree's | leaf | seen | has | right? | then | the servant

honela | erantzun | omen | zion: | 'Ez | du | ikusi | baina
like this | answer | it is said | did to him | not | he has | seen | but

ikusiko | du!'.
see | he will

Morroiak	berehala	kontatu	zion	San	Martinikori
the servant	soon	told	did	(to) St	Martiniko

sekretua,	eta	hark,	ezeri	itxaron	gabe,	zerra	egin
the secret	and	he	for anybody	waiting	without	the saw	made

zuen.
did

Basajauna,	gauez,	San	Martinikoren	etxera	joan	zen
Basajaun	at night	St	Martiniko's	home	went	did

berria	ziurtatzera.	Zerra	egina	zegoela	ikustean,
the news	to confirm	the saw	made	was-that	upon seeing

amorruaren	amorruz,	zerraren	hortzak,	banaka-banaka,
(with) rage's	rage	the saw's	teeth	one by one
	furious			

bata	eskuinera	eta	bestea	ezkerrera	okertu	omen
the one	to the right	and	the other	to the left	bend	it is said

zituen,	zerratzeko	gauza	ez	zela	uzteko	asmotan.
he did	to saw	able	not	being	of leaving it	with the intention
		unable to saw				

Baina,	hara	non,	kaltetzeko	asmoan	egindako	ekintza
but	look at that		to cause harm	trying	having done	action

gaizto	hark	onura	ekarri	zion	San	Martinikori,	hortzak
evil	that	good	brought	did	(to) St	Martiniko	the teeth

modu	horretan	jarrita,	askoz	hobeto	zerratzen	baitzuen
way	in that	put	much	better	sawed	did-because
	put like that					

zerrak.
the saw

Burdin zatiak soldatzearen sekretua
iron · pieces · soldering-of · the secret
the secret of soldering

Elezaharrak dioenez, behin batean, San Martiniko
the legend · as says · once · upon a time · St · Martiniko

izeneko gizon ausart batek bi burdin zatiren soldatzea
named · man · brave · a · two · iron · pieces · to solder

egiteko moduaren sekretua atera omen zion. San
to do · way · secret · got · it is said · did from him · St

Martinikok ba omen zekin Basajauna gai zela
Martiniko · did · it is said · know · Basajaun · capable · was-that

burdina soldatzeko, eta sekretua atera nahian
iron · to solder · and · the secret · get · wanting to

Kortezubiko bailaran berak ere bazekiela zabaldu omen
(in) Kortezubi · valley · he · too · knew it-that · spread · it is said

zuen. Orduan, Basajaunak berria zabaltzen ari
he did · then · Basajaun · the news · spreading · -ing

zenari honela galdetu omen zion:
to the one who was · like this · asked · it is said · he did

"San Martinikok ur buztintsuarekin ihinztatu dizkik
St · Martiniko · water · clayey-with · glued · has
with clay water

burdin zatiak ala?"
the iron · pieces · or (what)

127

"Ez du egin, baina egingo du!" erantzun zion
not he has done (that) but do he will answered him

aldarrikariak.
the news-spreader

Horrelaxe, bi burdinzati galdatzeko buztin urtsua
and like that two pieces of iron to join clay water

erabiliz, San Martinikok lortu zuen soldatzea. Hortik
using St Martiniko managed did to solder from then

aurrera, munduan zehar edatu zen burdina soldatzeko
onwards the world around spread did iron to solder

modua.
the way

Zezengorri
red bull

Zezengorrik, izenak dioen bezala, zezen gorri
red bull the name says as it does bull red

baten itxura hartzen du, eta sua dariola agertzen
a-of shape takes does and fire covered in appears
the shape of a

zaigu, maiz. Batzuetan sudur zulotik eta
does to us often sometimes (from the) nose hole and
from his nostrils

ahotik sugarrak botatzen ditu, eta honela
from the mouth flames throws he does and like this

kiskaltzen ditu bere arerioak; beste batzuetan, aldiz,
burns he does his enemies other times instead

128

haitzuloko — iluntasunean — distiratsu — agertzen — da
(in) the cave's — darkness — shining — appears — does

Zezengorri, — bere — adarrak — eta — buztana — suzkoak — baitira.
red bull — his — horns — and — tail — of fire — since they are

Leize-zuloetan — bizi — da — normalean, — leku — haien
in caves — lives — he does — usually — place(s) — those-of

zaindari — izan — ohi — baita. — Bere — eremuan — sartu
guardian — is — usually — because he is — (in) his — terrain — entering
— — because he usually is

edota — leizearen — bakea — eta — isiltasuna — apurtuz — gero,
or — the cave's — peace — and — silence — breaking — if

haserretu — egiten — da, — eta — gaiztoa — bezain — beldurgarria
angry — gets — he does — and — (as) evil — as he is — scary

izan — daiteke. — Horregatik, — leku — batzuetan — 'etsai' — deitzen
be — he can — that's why — places — in some — "the devil" — call him

diote. — Haitzulora — harriak — botaz — gero, — Zezengorri
they do — to the cave — rocks — throwing — if — the red bull

haserretu — egiten — da, — eta — erasokor — agertzen — zaigu.
angry — gets — does — and — agressive — appears — to us

Batzuetan — giza — irudia — ere — hartzen — du, — eta, — hala,
sometimes — human — shape — too — takes — he does — and — like that

bizilekua — duen — leizetik — herrietara — jaisten — da, — eta
as home — has-that — the cave-from — to the villages — goes down — he does — and
from the cave he has as home

bera — mindu — edo — iraindu — duten — pertsonak — zigortu
him — hurt — or — insulted — have-that — people — punishes

egiten — ditu.
(emphasis) — he does

129

Zezengorriren haitzuloa
the red bull's — cave

Orozkon **kontatzen** dute lapur bat bizi izan zela
in Orozko — tell — they do — thief — a — lived — (past) — did-that

Itzineko mendian dagoen Atxulaur haitzuloan. Lapur
in Itzin — mountain — was located-that — Atxulaur — cave-in — thief

hark, urteetan eginiko lapurretei esker, izugarrizko
that — for years — (he had) done — robberies-to — thanks — a huge
thanks to the robberies he'd committed

urre pila bildu omen zuen haitzuloaren barruan.
gold — pile — gathered — it is said — did — the cave's — inside
inside the cave

Lapurretara beste lurralde batera joan zen
to steal — (to) other — land — a — went — he did
(beste ... bat: another)

batean, hil egin omen zen, eta inork ez zekien
once — died — (emphasis) — it is said — he did — and — nobody — not — knew

non gorde zuen bere altxorra.
where — put — he had — his — treasure

Behin batean, kanpotar batzuk Atxularko leizera joan
once — upon a time — foreigner(s) — some — (to) Atxular — cave — went

ziren altxorraren jabe egiteko asmotan, baina,
did — the treasure's — owner(s) — to become — with the intention — but

hurbildu zirenean, ahotik eta sudur zuloetatik
got close — when they did — from the mouth — and — nose — holes-from the
from the nostrils

sua zerion zezen gorri izugarri bat atera omen zen
fire — throwing — bull — red — huge — a — came out — it is said — did

mehatxuka	haitzulotik;	lapurraren	espiritua,
threatening	from the cave	the thief's	spirit

hain	zuzen	ere.
	to be precise	

Hurrengo	batean,	hildako	lapurraren	hezurrekin	joan
next	time	dead	(with) the thief's	bones	went

ziren	haitzulora	kanpotar	haiek,	eta	bertan	utzi
did	to the cave	foreigners	those	and	there	left

zituzten.	Orduan	bai,	orduan	atera	ahal	izan	zuten
them they did	then	yes	then	bring out	could	(past)	they did
							they could

altxorra	haitzuloko	zulo	sakonetik,	lapurraren	gorpuak
the treasure	(from) the cave's	hole	deep	the thief's	body

betiko	atsedena	lortu	baitzuen.
forever	(its) rest	got	since it did

Marizuloko	Zezengorri
from Marizulo	the red bull

Amezketan	kontatzen	dutenez,	behin	batean,	Irabi
in Amezketa	tell	as they do	once upon a time		Irabi

baserriko	neskatxa	Aralarrera	igo	zen	larrean
farm-from	a girl	to Aralar	went up	did	in the field

zeukan	behi	baten	bila.	Txahal	gorri	bat	ikusi
she had-that	cow	a	looking for	calf	red	a	saw

zuen,	eta	berea	zela	pentsatuta,	bere	atzetik
she did	and	hers	it was-that	thinking	its	behind
						behind it

abiatu	zen.	Buztanetik	heldu	zion	eta	bere	atzetik
started off	she did	from (its) tail	grabbed	it she did	and	its	behind

joan	zen,	Marizulo	kobazulora	eraman	zuen	arte.
went	she did	(to the) Marizulo	cave	brought	her it did	until
		to the cave of Marizulo				

Marizulo	Mariren	bizilekua	zen.
Marizulo	Mari's	home	was

Neskatxaren	familia	bere	bila	ibili	zen,	baina,
the girl's	family	her	in search of	went around	did	but
			looking for her			

ez	alferrik,	ez	zuten	inoiz	aurkitu	eta.	Herrian
no	in vain	not	they did	ever	find (her)	because	in the village

esaten	dutenez,	beste	batean	ikusi	omen	zuten
they say	as they do	other	time	saw	it is said	they did

neskatxa	hura	Marizulon	zakur	gorri	bat	ondoan	zuela,
girl	that	in Marizulo	dog	red	a	next to her	having

haitzuloa	zelatatzen.
the cave	stalking

Printed in Great Britain
by Amazon

Antiviraux à base de plantes

de plantes

Se renforcer avec la connaissance des
antiviraux à base de plantes

Angela Winston

Table des matières

Introduction

Vue d'ensemble du livre

Au cours des dernières années, le monde a été témoin de plusieurs épidémies de maladies virales, chacune ayant suscité une grande anxiété et un grand émoi. La pandémie la plus récente, la COVID-19, a attiré l'attention sur le besoin crucial de vaccins et de traitements capables de lutter efficacement contre les maladies virales. La médecine traditionnelle et les remèdes à base de plantes, en particulier ceux ayant des caractéristiques antivirales, ont suscité un intérêt croissant au cours des dernières années en raison de ce besoin.

Ce livre électronique offre une référence complète sur l'utilisation des remèdes à base de plantes pour la prévention et le traitement des infections virales. Il s'intitule "Antiviraux à Base de Plantes : Se renforcer avec la connaissance des antiviraux à base de plantes." Ce livre vise à offrir aux lecteurs une compréhension claire de ce que sont les antiviraux à base de plantes, comment ils fonctionnent, et comment les utiliser en toute sécurité et efficacité.

Le livre électronique est organisé de manière à la fois logique et simple, commençant par une introduction qui aborde les objectifs du livre ainsi que sa portée globale. De plus, l'introduction donne aux lecteurs un aperçu de ce qu'ils trouveront dans le livre, notamment des informations sur la médecine traditionnelle, des recherches fondées sur des preuves sur les antiviraux à base de plantes et des conseils sur la manière de sélectionner et d'obtenir d'excellentes herbes.

Ensuite, le livre électronique se penche sur les bases scientifiques des virus, notamment leur mode de reproduction et leur contagiosité. Les lecteurs acquerront une compréhension fondamentale des virus dans cette section, y compris ce qu'ils sont, comment ils fonctionnent, et comment ils provoquent des maladies. Il est essentiel d'avoir ces connaissances pour comprendre comment les antiviraux à base de plantes fonctionnent et comment ils peuvent être utilisés pour traiter et prévenir les infections virales.

La section suivante du livre se concentre sur la médecine traditionnelle et les antiviraux à base de plantes. Dans cette section, les lecteurs auront un bref aperçu de l'histoire de la médecine traditionnelle, une explication de ce que sont les antiviraux à base de plantes, et une comparaison entre la médecine traditionnelle et la médecine moderne. Cette section aborde également les recherches qui ont été menées sur les antiviraux à base de plantes et comment ils fonctionnent pour lutter contre les virus. Cette section est particulièrement utile pour les lecteurs qui ne sont pas familiers avec la médecine traditionnelle ou les remèdes à base de plantes, mais qui souhaitent en savoir plus sur les avantages potentiels associés à l'utilisation de l'un de ces types de traitements.

Les 20 meilleurs antiviraux à base de plantes sont au cœur du corps principal du livre. Ces herbes sont détaillées en profondeur, avec des informations fournies sur leur histoire, leurs applications traditionnelles, les recherches basées sur des preuves, et comment elles pourraient être utilisées pour traiter des maladies virales spécifiques. Les lecteurs trouveront facile de choisir et d'utiliser les herbes qui conviennent le mieux à leurs besoins grâce aux descriptions détaillées de chaque caractéristique de l'herbe, des dosages et des préparations.

Le livre électronique fournit également des informations sur la manière d'utiliser les antiviraux à base de plantes, notamment comment les préparer et les administrer, et comment les combiner avec d'autres médicaments. Cette section est particulièrement utile pour les lecteurs qui sont nouveaux dans l'utilisation de remèdes à base de plantes et qui peuvent avoir des questions concernant la dose, la préparation et l'administration du remède à base de plantes.

Ensuite, le livre électronique aborde le sujet de l'utilisation des remèdes à base de plantes pour traiter diverses infections virales, notamment le rhume et la grippe, l'herpès, le VIH, l'hépatite, le VPH et la COVID-19. Dans chaque partie, le lecteur trouvera un résumé complet de la maladie, une explication de son origine, et une explication de la manière dont les antiviraux à base de plantes peuvent être utilisés pour la guérir ou la prévenir. Les lecteurs qui souhaitent utiliser des remèdes à base de plantes pour traiter des affections spécifiques trouveront cette section particulièrement utile.

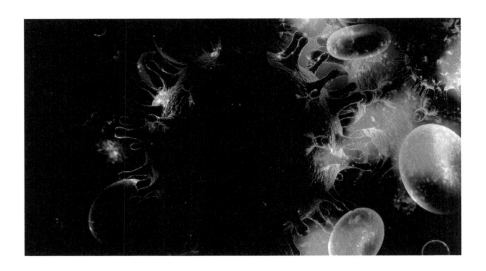

La dernière partie du livre électronique est consacrée à la préparation en vue de la prochaine épidémie. Cette section offre aux lecteurs des conseils concrets sur la manière de se préparer à une pandémie, notamment comment renforcer leur système immunitaire, comment arrêter la propagation des maladies, et comment tirer des enseignements des erreurs commises lors de l'épidémie de COVID-19. Cette section est particulièrement opportune et pertinente compte tenu de la pandémie continue de la COVID-19 et de la probabilité de futures pandémies dans les années à venir.

Pourquoi les antiviraux à base de plantes ?

Au cours des dernières années, on observe un intérêt croissant pour l'utilisation de médicaments naturels et de formes traditionnelles de médecine pour le traitement et la prévention des infections virales. L'utilisation d'antiviraux à base de plantes, des traitements dérivés de plantes et utilisés depuis de nombreuses années pour lutter contre les infections et renforcer le système immunitaire, est l'un des domaines qui ont récemment attiré beaucoup d'attention. Cependant, pourquoi les antiviraux à base de plantes gagnent-ils une telle popularité, et quels sont les avantages possibles de leur utilisation ?

Dans cette section, nous examinerons les facteurs qui pourraient contribuer à l'acceptation croissante des antiviraux à base de plantes en tant qu'alternative naturelle potentielle aux médicaments pharmaceutiques classiques. Nous aborderons les avantages des antiviraux à base de plantes, ainsi que leurs éventuels inconvénients et la manière dont ils peuvent être utilisés de manière à la fois sûre et efficace.

Tout d'abord, les antiviraux à base de plantes gagnent rapidement en popularité comme option de traitement des infections virales principalement parce qu'ils sont une méthode entièrement naturelle et holistique. Contrairement aux médicaments conventionnels, qui se concentrent souvent uniquement sur le traitement des symptômes d'une infection, les antiviraux à base de plantes sont conçus pour renforcer le système immunitaire et aider le corps à lutter contre l'infection elle-même. Cela signifie qu'ils peuvent être utilisés à la fois pour prévenir et traiter les infections virales, en plus de renforcer la santé globale et le bien-être et de fournir un soutien dans ces domaines.

La capacité des antiviraux à base de plantes à cibler une grande variété de maladies virales est l'un des avantages les plus importants offerts par ces médicaments. De nombreuses plantes médicinales contiennent des propriétés antivirales à large spectre, ce qui signifie qu'elles peuvent être utilisées pour traiter divers virus, y compris ceux responsables du rhume, de la grippe, de l'herpès et même du VIH. Ces propriétés antivirales permettent d'utiliser ces remèdes à base de plantes dans le traitement d'une grande variété d'infections virales. En raison de cela, les antiviraux à base de plantes sont une alternative qui peut être utilisée pour traiter efficacement une grande variété d'infections virales.

Un autre avantage de l'utilisation des antiviraux à base de plantes est le fait qu'ils provoquent rarement des effets indésirables. Contrairement aux médicaments conventionnels, qui peuvent provoquer une gamme d'effets secondaires tels que des nausées, des étourdissements et de la fatigue, les antiviraux à base de plantes sont généralement sûrs et bien tolérés. Cela est dû au fait qu'ils sont composés de composants naturels à base de plantes, qui sont généralement bien tolérés par le corps humain.

En plus d'avoir un faible potentiel d'effets secondaires, les antiviraux à base de plantes sont également moins susceptibles de contribuer à l'évolution de la résistance aux antibiotiques. En raison de l'abus des antibiotiques, qui peut entraîner la formation de bactéries résistantes aux médicaments, le problème de la résistance aux antibiotiques devient une préoccupation croissante dans la communauté médicale. Les antiviraux à base de plantes, en revanche, ne sont pas considérés comme des antibiotiques et ne ciblent pas spécifiquement les bactéries ; par conséquent, il est extrêmement peu probable qu'ils contribuent au développement de la résistance aux antibiotiques.

Cependant, il est essentiel de garder à l'esprit que l'utilisation des antiviraux à base de plantes peut être associée à plusieurs inconvénients potentiels. L'absence de normalisation et de contrôle dans le domaine des compléments alimentaires à base de plantes est l'une des principales causes de préoccupation. Contrairement aux médicaments pharmaceutiques traditionnels, qui sont soumis à des réglementations strictes et à des méthodes de contrôle de la qualité, les compléments alimentaires à base de plantes ne sont généralement pas normalisés, et ils ne sont pas toujours testés pour garantir qu'ils sont purs et de haute qualité. Cela signifie que la puissance et l'efficacité des antiviraux à base de plantes peuvent varier considérablement d'un produit et d'un fabricant à l'autre.

La possibilité d'interactions médicamenteuses indésirables est un autre inconvénient associé à l'utilisation d'antiviraux naturels. Les traitements à base de plantes ont le potentiel d'interagir de manière négative avec d'autres médicaments, y compris ceux obtenus sur ordonnance, ceux obtenus sans ordonnance, et même d'autres compléments alimentaires à base de plantes. Cela peut entraîner des interactions potentiellement dangereuses, telles qu'un risque accru d'effets indésirables ou une réduction de l'efficacité de l'autre médicament.

La communauté médicale reconnaît de plus en plus les avantages des antiviraux à base de plantes, malgré les problèmes potentiels qui peuvent être associés à leur utilisation. En réalité, un nombre significatif de médicaments traditionnels sont fabriqués à partir de substances naturelles à base de plantes. Deux exemples en sont l'artémisinine, un médicament antipaludique dérivé de la plante Artemisia annua, et l'aspirine, dérivée de l'écorce de saule.

L'utilité des antiviraux à base de plantes est également soutenue par un nombre croissant de découvertes de recherche. Des études menées par des scientifiques ont montré que de nombreuses plantes, telles que le sureau, l'échinacée et l'ail, contiennent des principes actifs qui inhibent la croissance des virus. Par exemple, une étude de 2019 publiée dans la revue "Molecules" a révélé que les extraits de racine de réglisse, de sureau et d'Echinacea purpurea avaient une activité antivirale puissante contre une gamme de virus respiratoires, notamment les virus de la grippe A et B, le virus respiratoire syncytial (VRS) et le coronavirus humain (HCoV).

Une autre étude publiée en 2020 dans la revue "Antiviral Research" a découvert qu'un extrait d'Andrographis paniculata avait une activité antivirale significative contre le virus SARS-CoV-2, qui est la principale cause de la COVID-19. Ces recherches, ainsi que de nombreuses autres similaires, donnent à penser que les antiviraux à base de plantes ont un grand potentiel en tant que traitement naturel alternatif des infections virales.

Il est également important de noter que les antiviraux à base de plantes sont utilisés depuis des centaines d'années dans des systèmes médicaux traditionnels tels que l'Ayurveda, la médecine chinoise et la médecine amérindienne. Ces pratiques médicales traditionnelles ont une longue histoire d'utilisation de traitements naturels pour le traitement d'une grande variété de maladies, y compris les infections virales. Bien que la recherche scientifique moderne soit toujours en cours, l'utilisation d'antiviraux à base de plantes dans la médecine traditionnelle constitue une source riche de connaissances et d'expérience pouvant orienter le développement de remèdes naturels modernes.

Il est essentiel de faire preuve de prudence et de responsabilité lors de l'utilisation d'antiviraux à base de plantes en raison de leur potentiel d'effets secondaires. Cela implique de choisir des produits de haute qualité auprès de fabricants réputés, de suivre les dosages recommandés et les méthodes de préparation, et de prendre en compte le risque d'interactions médicamenteuses indésirables. Il est important de se rappeler que les traitements à base de plantes ne doivent jamais être utilisés en remplacement des soins médicaux réguliers, et cela est particulièrement évident dans les cas où le patient souffre d'infections virales graves ou potentiellement mortelles.

Comment fonctionnent les antiviraux à base de plantes ?

Les antiviraux à base de plantes sont des traitements à base de plantes qui sont utilisés depuis de nombreuses années pour traiter diverses affections, y compris les infections virales. Bien que les processus précis sous-jacents aux effets antiviraux des remèdes à base de plantes ne soient pas encore entièrement compris, il existe de plus en plus de preuves que ces traitements homéopathiques peuvent être utiles à la fois pour prévenir et traiter les infections virales. Dans cet essai, nous explorerons comment les antiviraux à base de plantes fonctionnent et les preuves scientifiques qui soutiennent leur utilisation.

Avant d'aborder les mécanismes de fonctionnement des antiviraux à base de plantes, il est essentiel de comprendre comment les virus se comportent et comment ils provoquent des maladies. Le seul endroit où les virus peuvent se multiplier est à l'intérieur des cellules vivantes. Une fois à l'intérieur d'une cellule, un virus utilise les mécanismes internes de la cellule pour se répliquer et créer de nouvelles particules virales. Ce processus a le potentiel de nuire ou de tuer les cellules infectées, ce qui peut entraîner divers symptômes, allant de symptômes bénins semblables à un rhume à une détresse respiratoire grave.

Les antiviraux à base de plantes fonctionnent principalement en empêchant les virus d'entrer et d'infecter les cellules. De nombreux virus, y compris ceux responsables du rhume, de la grippe et de la COVID-19, dépendent de récepteurs particuliers à la surface des cellules pour s'y fixer et propager leur infection. En se liant à ces récepteurs et en empêchant le virus de se fixer et d'infecter les cellules, les antiviraux à base de plantes peuvent obstruer ce processus.

Par exemple, l'un des mécanismes clés derrière les propriétés antivirales du sureau réside dans sa capacité à inhiber la capacité des virus à entrer et à infecter les cellules. Les anthocyanines, une classe de produits chimiques présents dans les sureaux, ont été démontrées pour se fixer aux récepteurs utilisés par les virus pour entrer dans les cellules. Cela réduit l'intensité et la durée des infections virales en empêchant le virus de se fixer aux cellules et de propager l'infection.

Les antiviraux à base de plantes fonctionnent également en empêchant la réplication des virus. Un virus dépend de la machinerie de la cellule infectée pour se répliquer et créer de nouvelles particules virales. En ciblant spécifiquement certaines enzymes ou protéines impliquées dans la réplication virale, les antiviraux à base de plantes peuvent obstruer ce processus.

Par exemple, le composant allicine présent dans l'ail s'est révélé efficace contre divers virus, y compris ceux qui provoquent le rhume, la grippe et l'herpès. L'allicine agit en inhibant l'activité d'une enzyme appelée ARN polymérase, nécessaire à la réplication virale. Cela contribue à réduire l'intensité et la durée des infections virales en empêchant le virus de se reproduire et de créer de nouvelles particules virales.

Les antiviraux à base de plantes peuvent prévenir l'entrée et la réplication virale et renforcer le système immunitaire, ce qui facilite la lutte du corps contre les maladies. Un système immunitaire robuste est essentiel pour éviter et combattre les infections virales, car il constitue la barrière naturelle du corps contre les virus.

De nombreux antiviraux à base de plantes, notamment l'échinacée, l'astragale et l'andrographis, ont été découverts pour renforcer le système immunitaire. Ces plantes ont la capacité d'augmenter la production de cellules immunitaires telles que les lymphocytes T et les cellules tueuses naturelles, qui sont chargées de repérer et d'éliminer les cellules infectées. Les cytokines, en tant que molécules de signalisation qui aident à coordonner la réponse immunitaire aux infections, peuvent également être produites plus abondamment grâce à leur influence.

Par exemple, l'andrographis a démontré des propriétés puissantes de renforcement du système immunitaire, ainsi que des propriétés antivirales contre divers virus, notamment ceux qui provoquent le rhume, la grippe et la COVID-19. L'andrographis agit en stimulant la synthèse de cytokines telles que l'interféron, qui peuvent aider à la défense contre les infections virales, ainsi que des cellules immunitaires comme les lymphocytes T et les cellules tueuses naturelles.

Il est également important de noter que de nombreux antiviraux à base de plantes ont des capacités antioxydantes qui peuvent aider à protéger le corps contre les effets nocifs des radicaux libres. Les radicaux libres sont des molécules instables qui ont le potentiel de endommager les cellules et jouent un rôle dans l'apparition de divers problèmes de santé, y compris les infections virales. Les antiviraux à base de plantes peuvent améliorer la fonction immunitaire générale et réduire le risque d'infections virales en réduisant l'inflammation et le stress oxydatif en neutralisant les radicaux libres.

Bien que les mécanismes sous-jacents aux propriétés antivirales des remèdes à base de plantes ne soient pas encore entièrement compris, il existe de plus en plus de preuves en faveur de leur utilisation dans la prévention et le traitement des infections virales. De nombreuses herbes, dont le sureau, l'ail, l'échinacée et l'andrographis, ont démontré dans des recherches scientifiques des capacités antivirales puissantes contre divers virus.

Par exemple, une étude menée en 2019 et publiée dans la revue "Phytotherapy Research" a découvert qu'un extrait de sureau possède une activité antivirale substantielle contre les virus de la grippe A et B, ainsi que contre le coronavirus humain NL63. Une autre étude réalisée en 2018 et publiée dans la revue "Pharmaceutical Biology" a découvert qu'un extrait d'ail possédait une activité antivirale substantielle lorsqu'il était testé contre le virus de l'herpès simplex.

Selon ces études et d'autres similaires, les antiviraux à base de plantes semblent avoir un potentiel significatif en tant qu'option de traitement naturel alternatif pour les infections virales. Cependant, il est essentiel de se rappeler que toutes les thérapies naturelles, y compris les remèdes à base de plantes, ne se valent pas. La puissance et l'efficacité des antiviraux à base de plantes peuvent varier considérablement entre différents produits et fabricants, et il existe un manque de normalisation et de réglementation dans l'industrie des compléments alimentaires à base de plantes.

Il est essentiel de trouver des antiviraux à base de plantes de haute qualité provenant de fabricants de renom afin de garantir à la fois la sécurité et l'efficacité de leur utilisation. De plus, il est important de suivre les dosages prescrits et les méthodes de préparation, ainsi que de prendre en compte tout risque d'interactions médicamenteuses potentielles.

Sécurité et Précautions

Les antiviraux à base de plantes sont des médicaments naturels qui sont utilisés depuis des centaines d'années pour traiter divers problèmes de santé, y compris les infections virales. Bien que les antiviraux à base de plantes soient généralement considérés comme sûrs et bien tolérés, il existe certains risques et précautions à prendre en compte lors de l'utilisation de traitements naturels de ce type. Dans cette section, nous discuterons des dangers potentiels liés à l'utilisation d'antiviraux à base de plantes et des mesures qui peuvent être prises pour éviter ces dangers tout en profitant des avantages de l'utilisation de ces remèdes.

L'une des principales préoccupations liées à l'utilisation d'antiviraux naturels est la possibilité de subir des effets secondaires. Bien que les remèdes à base de plantes soient généralement considérés comme sûrs, ils peuvent provoquer des effets secondaires chez certaines personnes, en particulier s'ils sont utilisés à fortes doses ou pendant de longues périodes. Les remèdes à base de plantes peuvent provoquer divers effets secondaires inconfortables chez certaines personnes, notamment des troubles gastro-intestinaux, des maux de tête, des étourdissements et des réactions allergiques.

Il est essentiel de se rappeler que l'intensité et la fréquence des effets secondaires peuvent varier considérablement en fonction de l'herbe particulière qui est utilisée ainsi que de la composition biologique unique de l'individu. Il est possible que certaines personnes soient plus susceptibles de ressentir des effets indésirables que d'autres, en particulier si elles ont des problèmes de santé préexistants ou prennent déjà d'autres médicaments.

Il est essentiel de choisir des produits à base de plantes de haute qualité fabriqués par des fabricants reconnus afin de réduire la probabilité de subir des effets secondaires indésirables lors de l'utilisation de remèdes à base de plantes. De plus, il est essentiel de suivre les dosages prescrits et les méthodes de préparation recommandées, ainsi que d'être conscient de toute interaction possible entre les médicaments.

Une autre préoccupation potentielle liée à l'utilisation d'antiviraux à base de plantes est la possibilité d'interactions médicamenteuses. Les traitements à base de plantes ont le potentiel d'interagir de manière négative avec d'autres médicaments, y compris ceux obtenus sur ordonnance, ceux achetés sans ordonnance et même d'autres compléments alimentaires à base de plantes. Cela peut entraîner des interactions potentiellement dangereuses, telles qu'un risque accru d'effets indésirables ou une réduction de l'efficacité de l'autre médicament.

Par exemple, plusieurs herbes, comme le millepertuis et l'échinacée, ont été montrées pour interagir négativement avec d'autres médicaments, tels que les antidépresseurs, les anticoagulants et les immunosuppresseurs. Ces interactions peuvent entraîner des effets secondaires potentiellement dangereux, tels qu'un risque accru de saignement ou une réduction de l'efficacité du médicament.

Si vous prenez actuellement d'autres médicaments, il est extrêmement important de consulter un professionnel de la santé avant de commencer à utiliser des remèdes à base de plantes. Cela contribuera à réduire la probabilité d'interactions médicamenteuses indésirables. Votre professionnel de la santé pourra vous conseiller sur les éventuelles interactions médicamenteuses et les considérations de sécurité, ainsi que vous aider à évaluer si les traitements à base de plantes qui vous intéressent sont appropriés pour votre utilisation.

Il est essentiel de prendre en considération les dangers potentiels liés à la qualité et à la pureté des produits à base de plantes, en plus des dangers potentiels et des précautions de sécurité associés aux effets secondaires potentiels et aux interactions médicamenteuses. Contrairement aux médicaments traditionnels, qui sont soumis à des réglementations strictes et à des méthodes de contrôle de la qualité, les compléments alimentaires à base de plantes ne sont généralement pas normalisés, et ils ne sont pas toujours testés pour garantir leur pureté et leur haute qualité.

Cela signifie que la puissance et l'efficacité des antiviraux à base de plantes peuvent varier considérablement d'un produit à l'autre et d'un fabricant à l'autre. Il est possible que certains remèdes à base de plantes contiennent des impuretés ou des toxines, toutes deux potentiellement dangereuses pour la santé.

Il est essentiel d'acheter des produits à base de plantes auprès de fabricants réputés qui adhèrent aux Bonnes Pratiques de Fabrication (BPF) et à d'autres méthodes de contrôle de la qualité si vous souhaitez garantir la qualité et la pureté des produits à base de plantes que vous achetez. Recherchez des produits qui ont été testés et certifiés par un tiers indépendant pour garantir leur qualité et leur pureté.

Lors de l'utilisation de remèdes à base de plantes pour le traitement des infections virales, l'une des choses les plus importantes à garder à l'esprit est d'être conscient des éventuelles contre-indications et précautions. Certaines catégories de personnes, telles que les femmes enceintes ou allaitantes, les très jeunes enfants ou les personnes atteintes de problèmes de santé particuliers, ne doivent pas prendre certains remèdes à base de plantes car ils peuvent ne pas être sûrs pour eux.

Par exemple, l'utilisation de l'échinacée n'est pas recommandée pour les personnes atteintes de maladies auto-immunes telles que le lupus ou la sclérose en plaques, car elle peut aggraver ces affections. Elle n'est pas non plus recommandée pour les personnes allergiques aux plantes de la famille des astéracées, car elle peut provoquer des réactions allergiques.

Il est nécessaire de consulter un professionnel de la santé avant d'utiliser des remèdes à base de plantes, en particulier si vous avez des problèmes de santé préexistants ou si vous prenez déjà d'autres médicaments. Cela contribuera à réduire la probabilité que vous subissiez des effets indésirables en raison de possibles contre-indications ou restrictions.

Lorsque vous envisagez des traitements à base de plantes pour les infections virales, il est essentiel de tenir compte du potentiel d'interactions médicamenteuses avec les herbes. Certaines herbes, qu'elles soient combinées à des médicaments sur ordonnance, à des médicaments en vente libre ou même à d'autres compléments alimentaires à base de plantes, peuvent entraîner des interactions potentiellement dangereuses pour le patient. Par exemple, le millepertuis peut interagir négativement avec les antidépresseurs, les anticoagulants et certains médicaments contre le VIH ; l'échinacée, en revanche, peut interagir négativement avec les immunosuppresseurs.

Avant d'utiliser des antiviraux à base de plantes, il est nécessaire de consulter un professionnel de la santé, en particulier si vous prenez déjà d'autres médicaments, afin de réduire le risque d'interactions négatives entre les herbes et les médicaments. Votre professionnel de la santé pourra vous conseiller sur les éventuelles interactions médicamenteuses et les considérations de sécurité, ainsi que vous aider à évaluer si les traitements à base de plantes qui vous intéressent sont appropriés pour votre utilisation.

Lors de l'utilisation de remèdes à base de plantes pour le traitement des infections virales, il est essentiel de suivre les dosages appropriés et les méthodes de préparation. Les dosages peuvent varier considérablement en ce qui concerne les herbes et les produits. Prendre une quantité excessive d'un remède à base de plantes peut entraîner des effets indésirables potentiels ainsi qu'une toxicité en cas de prise en quantités suffisamment importantes.

En plus de cela, il est essentiel d'être bien informé des processus impliqués dans la préparation et l'utilisation des remèdes à base de plantes. Pour que certaines herbes soient efficaces, elles peuvent nécessiter d'être transformées d'une certaine manière, par exemple en préparant une infusion ou en créant une teinture. Il est également essentiel d'être conscient des risques potentiels liés à la prise de certaines herbes, comme l'ail cru, qui peut provoquer des troubles gastro-intestinaux ainsi que d'autres effets secondaires chez certaines personnes.

Il est essentiel de mener des recherches et de demander l'aide d'un médecin ou d'un herboriste qualifié avant d'utiliser des antiviraux à base de plantes. Cela garantira que l'utilisation des antiviraux à base de plantes est à la fois sûre et efficace. Cela peut vous aider à choisir les bonnes herbes et produits, à suivre les dosages recommandés et les méthodes de préparation, et à être conscient des risques potentiels et des précautions à prendre.

Chapitre I

Comprendre les Virus

Qu'est-ce que les virus ?

Les virus sont des agents infectieux qui peuvent provoquer une large gamme de maladies, notamment le rhume commun ainsi que des infections respiratoires graves. Les virus sont des agents infectieux microscopiques. Malgré leur petite taille, les virus ont une influence significative sur la santé humaine et ont été la cause de certaines des pandémies les plus meurtrières de l'histoire de l'humanité. Dans cette section, nous discuterons de ce que sont les virus, de leur structure, de leur mode de réplication et de leur impact sur la santé humaine.

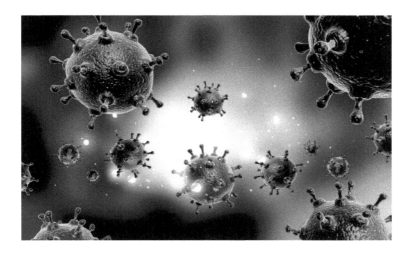

Les virus sont des agents infectieux microscopiques qui ne peuvent se répliquer qu'à l'intérieur de cellules vivantes. C'est leur caractéristique la plus fondamentale. Contrairement aux bactéries, qui sont des organismes vivants, les virus n'ont pas la capacité de se répliquer par eux-mêmes car ils n'ont pas de cellules et sont donc acellulaires. Au lieu de cela, ils dépendent de la machinerie et des ressources fournies par les cellules hôtes pour se reproduire avec succès et produire de nouvelles particules virales.

La structure des virus est relativement simple, composée de matériel génétique enfermé dans une enveloppe protéique appelée capside. Il y a quelques virus, tels que le virus de la grippe, qui ont également une enveloppe externe créée à partir de la membrane de la cellule hôte. Selon le virus particulier, le matériel génétique des virus peut être de l'ADN ou de l'ARN.

Pour se répliquer et produire de nouvelles particules virales, les virus doivent infecter une cellule hôte. Les cellules hôtes peuvent être vivantes ou non vivantes. Le déroulement d'une infection virale peut être divisé en quelques étapes distinctes, dont les plus importantes sont la fixation, la pénétration, le désenveloppement, la réplication, l'assemblage et la libération.

La fixation est la première étape de l'infection virale. Pendant cette étape, le virus se fixe à des récepteurs particuliers situés à la surface de la cellule hôte. Ces récepteurs sont souvent composés de protéines ou de glucides, et ils ne se trouvent que sur certains types de cellules. Par exemple, le virus de la grippe se fixe aux récepteurs situés à la surface des cellules épithéliales respiratoires, qui sont les cellules qui tapissent les voies respiratoires.

Une fois qu'il s'est fixé à la cellule hôte, le virus va alors traverser la membrane cellulaire pour pénétrer dans la cellule. Cela peut se produire par plusieurs mécanismes, notamment la fusion avec la membrane cellulaire ou l'endocytose, au cours de laquelle le virus est englobé par la membrane cellulaire et transporté dans la cellule.

Une fois qu'il est entré avec succès dans la cellule, le virus se débarrasse de son revêtement externe et injecte son matériel génétique dans la cellule hôte. Ensuite, le matériel génétique prend le contrôle de la machinerie de la cellule hôte pour se reproduire et créer plus de particules virales. Ce processus peut endommager ou détruire les cellules infectées, ce qui peut entraîner une grande variété de symptômes, allant de symptômes légers similaires au rhume commun à une détresse respiratoire sévère.

Après la production de nouvelles particules virales, celles-ci sont ensuite assemblées et expulsées de la cellule infectée, le plus souvent en traversant la membrane cellulaire. Ensuite, ces particules virales peuvent infecter d'autres cellules, ce qui commence un nouveau cycle de réplication et d'infection.

L'effet des virus sur la santé humaine peut varier considérablement, dépendant non seulement du virus particulier, mais aussi du système immunitaire de l'individu. Certains virus, comme le rhume commun, provoquent des symptômes relativement bénins qui peuvent être traités avec des médicaments en vente libre et du repos. D'autres virus, comme la grippe et la COVID-19, peuvent provoquer des symptômes respiratoires plus graves et potentiellement entraîner la mort ou l'hospitalisation.

Il existe plusieurs facteurs, notamment l'âge, les problèmes de santé préexistants et la génétique, qui peuvent également jouer un rôle dans l'impact des virus sur la santé humaine. Les nourrissons, les jeunes enfants et les personnes âgées sont généralement plus susceptibles de développer des conséquences graves en raison des infections virales. Les personnes qui ont déjà une maladie sous-jacente, telle que le diabète, les maladies cardiovasculaires ou une affection respiratoire, ont un risque accru de développer des conséquences graves à la suite d'infections virales.

En ce qui concerne la prévention des infections virales, le système immunitaire du corps est un élément crucial de la défense. Le système immunitaire est la défense naturelle du corps contre les infections, et le maintien d'un système immunitaire fort est absolument nécessaire à la fois pour éviter et combattre les maladies virales. Le système immunitaire est capable d'identifier et d'éliminer les cellules contaminées, de créer des anticorps dirigés contre des virus particuliers, et de coordonner la réponse immunologique aux maladies bactériennes ou virales.

Types de virus

Les virus sont un groupe diversifié d'agents infectieux pouvant provoquer un large éventail de maladies chez les humains et les animaux. Bien que tous les virus aient certaines caractéristiques fondamentales, telles que leur dépendance aux cellules hôtes pour se répliquer et produire de nouvelles particules virales, il existe de nombreuses différences entre les différents types de virus en ce qui concerne la structure de leur matériel génétique, leur mode de réplication et leurs tactiques de réplication. Dans cette section, nous allons discuter des différents types de virus ainsi que de leur impact sur la santé humaine.

Les virus à ADN sont un type spécifique de virus qui utilisent l'ADN comme principal mode de réplication génétique. Ces virus peuvent infecter à la fois les animaux et les humains et peuvent entraîner un large éventail de maladies, allant de symptômes similaires au rhume aux affections graves pouvant être mortelles. Le virus de l'herpès simplex et le virus du papillome humain (VPH) sont des exemples de virus à ADN qui peuvent infecter les humains. Le virus de l'herpès simplex est responsable des boutons de fièvre et de l'herpès génital, tandis que le virus du papillome humain (VPH) peut provoquer des verrues génitales et certains types de cancer.

Les virus à ARN sont un type de virus qui ont l'ARN comme matériel génétique. Ces virus peuvent infecter les humains ainsi que les animaux, et ils sont responsables d'un large éventail de maladies. Les virus à ARN sont très sensibles aux mutations, ce qui peut entraîner la formation de nouvelles souches du virus ainsi que la propagation rapide des maladies virales. Le virus de la grippe, qui peut provoquer des épidémies saisonnières et même des pandémies occasionnelles, est un exemple de virus à ARN qui peut infecter les humains. Un autre exemple est le virus de l'immunodéficience humaine (VIH), responsable du sida.

Il existe une sous-classe de virus appelée virus enveloppés. Ces virus ont une enveloppe extérieure constituée de la membrane de la cellule hôte. Cette enveloppe peut aider le virus à échapper au système immunitaire et peut également jouer un rôle dans le processus de multiplication virale. Les maladies provoquées par les virus enveloppés peuvent varier en gravité, allant du bénin au grave. Le virus de la grippe et le coronavirus sont deux exemples de virus enveloppés pouvant infecter les humains. Le virus de la grippe est responsable de la grippe, et le coronavirus peut provoquer des maladies respiratoires graves.

Les virus non enveloppés sont un type de virus qui n'ont pas d'enveloppe extérieure. Les virus enveloppés sont plus sensibles à un large éventail de contraintes environnementales, y compris celles causées par la chaleur et les produits chimiques, que les virus non enveloppés. Les infections causées par les virus non enveloppés peuvent provoquer des maladies allant du bénin au grave. Le norovirus et l'adénovirus sont deux exemples de virus non enveloppés pouvant infecter les humains. Le norovirus peut provoquer des diarrhées, et l'adénovirus peut provoquer des maladies respiratoires.

Les virus à ARN appelés rétrovirus se distinguent par leur capacité à intégrer leur matériel génétique dans l'ADN des cellules qu'ils infectent. Cela peut conduire à la production de nouvelles particules virales sur une longue période de temps, même après que l'infection initiale a été éliminée. Les troubles provoqués par les rétrovirus peuvent varier en gravité, allant du bénin au grave. Le virus de l'immunodéficience humaine (VIH), responsable du sida, et le virus de la leucémie des cellules T humaines (HTLV), associé au développement de plusieurs cancers, sont deux exemples de rétrovirus pouvant infecter les humains.

Les virus oncogènes sont un type de virus pouvant provoquer le cancer en altérant le matériel génétique des cellules infectées. Ces virus sont capables d'incorporer leur matériel génétique dans l'ADN de la cellule hôte, ce qui entraîne la synthèse de protéines favorisant la croissance et la division des cellules. Cela peut, au fil du temps, entraîner le développement de tumeurs malignes. Le virus du papillome humain (VPH) et le virus de l'hépatite B sont deux exemples de virus oncogènes pouvant infecter les humains. Le VPH est connu comme un facteur potentiel de cancer du col de l'utérus, et le VHB est connu comme un facteur potentiel de cancer du foie.

Les infections à prions sont un type particulier d'agent infectieux qui se distinguent des autres maladies infectieuses en ce que les prions ne contiennent pas de matériel génétique. Au lieu de cela, les prions sont des protéines qui se sont mal repliées et ont la capacité d'influencer d'autres protéines à se replier incorrectement également. Cela peut entraîner le développement de maladies neurologiques telles que la maladie de Creutzfeldt-Jakob et la maladie de la vache folle. Parce que les prions sont résistants à la chaleur, aux produits chimiques et aux radiations, il est difficile de les éradiquer et de contrôler leur propagation.

Il existe encore une autre catégorie d'agents infectieux appelés viroïdes. Les viroïdes ne contiennent aucun matériel génétique. Au lieu de cela, ce sont de petites molécules d'ARN circulaires qui peuvent provoquer des maladies chez les plantes. Les viroïdes ont le potentiel de perturber le fonctionnement normal des cellules végétales, ce qui peut entraîner divers symptômes désagréables tels qu'un retard de croissance et une diminution de la production agricole. Bien que les viroïdes ne puissent pas infecter directement les humains, ils peuvent avoir un impact considérable sur l'agriculture et la sécurité des approvisionnements alimentaires.

Il existe une vaste gamme de gravité dans les effets que différents types de virus peuvent avoir sur la santé humaine. Ces effets peuvent aller de maladies bénignes qui disparaissent d'elles-mêmes à des maladies graves pouvant entraîner une hospitalisation, voire la mort. Certains virus, comme celui qui provoque le rhume, sont considérés comme assez inoffensifs et ne nécessitent généralement pas de traitement médical. D'autres virus, tels que le VIH et l'hépatite C, sont également capables de provoquer des maladies chroniques nécessitant un traitement médical continu. D'autres virus, comme le virus de la grippe et le coronavirus, sont capables de provoquer des maladies respiratoires graves et ont le potentiel de déclencher des épidémies, voire des pandémies.

Comprendre les différents types de virus et leur impact sur la santé humaine est essentiel pour élaborer des stratégies efficaces de prévention et de traitement des infections virales. Les vaccins sont l'une des stratégies les plus efficaces pour éviter les infections virales, et leur mécanisme d'action consiste à renforcer le système immunitaire pour développer des anticorps capables de reconnaître et de cibler certains virus. Les médicaments antiviraux sont une autre technique clé pour le traitement des infections virales. Les médicaments antiviraux agissent en ciblant certaines étapes du cycle de réplication virale afin d'empêcher le virus de se multiplier et de se propager.

En plus des vaccins et des médicaments antiviraux, il existe un certain nombre de thérapies naturelles qui sont utilisées depuis des siècles pour le traitement et la prévention des infections virales. Les vaccins sont des médicaments utilisés pour prévenir les infections virales. Cela comprend des compléments alimentaires tels que la vitamine C et le zinc, ainsi que des traitements à base de plantes comme le sureau, l'échinacée et l'ail. D'autres exemples comprennent l'ail et le sureau. Les traitements naturels sont généralement considérés comme sûrs et peuvent présenter certains avantages potentiels pour la prévention et le traitement des infections virales. Cependant, l'efficacité des remèdes naturels n'est pas toujours étayée par des preuves scientifiques. Cela ne signifie pas pour autant que les remèdes naturels ne peuvent pas être utiles.

La réplication virale

Les virus sont de minuscules agents infectieux capables d'infecter les humains et les animaux et de provoquer diverses maladies. Malgré leur petite taille et leur relative simplicité, les virus ont développé des tactiques sophistiquées pour leur reproduction et leur dissémination dans le corps. Le processus de multiplication des virus, de l'attachement initial à la cellule hôte à la libération de particules virales supplémentaires, sera discuté dans cette section.

La première étape de la réplication virale est l'attachement. Avant d'entrer dans la cellule hôte et de se reproduire, les virus doivent d'abord se fixer à des récepteurs particuliers à la surface de la cellule. Ces récepteurs sont souvent des protéines ou des sucres spécifiques à certains types de cellules. Par exemple, les cellules épithéliales respiratoires qui tapissent la surface des voies respiratoires ont des récepteurs auxquels le virus de la grippe se lie.

Après s'être fixé à la cellule hôte, le virus doit pénétrer dans la cellule pour se reproduire. Ce processus est appelé la pénétration. La fusion avec la membrane cellulaire et l'endocytose sont deux méthodes par lesquelles les virus peuvent traverser la membrane de la cellule hôte.

Lorsqu'un virus fusionne sa membrane avec celle de la cellule hôte, le matériel génétique viral peut entrer dans la cellule. Les virus enveloppés, qui ont une enveloppe externe produite à partir de la membrane de la cellule hôte, utilisent cette méthode.

En endocytose, le virus est pris à l'intérieur de la cellule par la membrane de la cellule hôte. Les virus, qu'ils soient enveloppés ou non, utilisent cette méthode.

Une fois que le matériel génétique du virus est entré dans la cellule hôte, il doit être libéré de sa capside, ou enveloppe protéique. Ce processus s'appelle le décoiffage. Selon le virus, le décoiffage peut avoir lieu soit dans le cytoplasme, soit dans une zone spécifique de la cellule hôte.

Une fois que le matériel génétique du virus a été libéré, il utilise la machinerie de la cellule hôte pour se répliquer et créer de nouvelles particules virales. Le processus de réplication peut varier considérablement en fonction du virus spécifique, mais il implique généralement la synthèse de protéines virales et la réplication du matériel génétique viral.

L'ADN viral des virus à ADN est transféré dans le noyau de la cellule hôte, où il est dupliqué et traduit en ARN viral. Après la traduction en protéines virales, l'ARN viral est utilisé pour créer de nouvelles particules virales.

L'ARN viral agit comme un modèle pour la synthèse des protéines et la réplication dans les virus à ARN. Les rétrovirus sont un exemple de virus à ARN qui ont la capacité d'intégrer leur matériel génétique dans l'ADN de la cellule hôte, ce qui entraîne la production à long terme de nouvelles particules virales.

Une fois que les protéines virales et le matériel génétique ont été créés, les particules virales sont assemblées. Le processus spécifique d'assemblage viral peut varier considérablement en fonction du virus spécifique, mais il implique généralement la formation d'une nouvelle capside autour du matériel génétique viral et l'incorporation de protéines et d'enzymes virales dans la nouvelle particule virale.

Après avoir été assemblées, les nouvelles particules virales sont généralement expulsées de la cellule hôte par bourgeonnement à partir de la membrane cellulaire. La propagation du virus vers de nouvelles cellules et tissus ainsi que la mort de la cellule hôte infectée sont toutes deux des résultats possibles de la production de particules virales supplémentaires.

La réplication virale peut avoir un impact significatif sur la santé humaine, causant des infections bénignes qui disparaissent d'elles-mêmes à des maladies graves qui peuvent nécessiter une hospitalisation, voire entraîner la mort. Certains virus, comme le virus du rhume, sont assez inoffensifs et nécessitent rarement une attention médicale. D'autres virus, comme le VIH et l'hépatite C, ont le potentiel de provoquer des infections chroniques nécessitant des soins médicaux continus. D'autres virus, comme le coronavirus et le virus de la grippe, peuvent se propager rapidement et entraîner des pandémies et des maladies respiratoires graves.

Comprendre le processus de réplication virale est essentiel pour développer des stratégies efficaces de prévention et de traitement des infections virales. L'une des meilleures méthodes pour prévenir les infections virales est la vaccination, qui consiste à induire le système immunitaire à développer des anticorps capables d'identifier et de combattre certains virus. Un autre outil crucial pour le traitement des infections virales est la médication antivirale, qui agit en ciblant des phases spécifiques du cycle de réplication virale pour empêcher le virus de se multiplier et de se propager.

Outre les vaccins et les médicaments antiviraux, il existe des traitements à base de plantes qui sont utilisés depuis des générations pour prévenir et traiter les infections virales. Cela inclut des compléments alimentaires tels que la vitamine C et le zinc, ainsi que des thérapies à base de plantes telles que le sureau, l'échinacée et l'ail. Ces remèdes naturels sont généralement considérés comme sûrs et peuvent avoir certains avantages potentiels pour la prévention et le traitement des infections virales, même si leur efficacité n'est pas nécessairement étayée par des preuves scientifiques.

Comment les virus se propagent-ils ?

Les micro-organismes connus sous le nom de virus sont les agents responsables d'une grande variété de maladies infectieuses qui peuvent affecter à la fois les êtres humains et les animaux. Pour qu'un virus provoque une infection, il doit d'abord pénétrer dans le corps, puis trouver une cellule hôte dans laquelle il peut se multiplier. Ce processus de transmission peut se produire de différentes manières, en fonction du virus particulier et des circonstances dans lesquelles il est transmis. Dans cette section, nous examinerons les différentes voies par lesquelles les maladies infectieuses peuvent être transmises d'un individu à un autre.

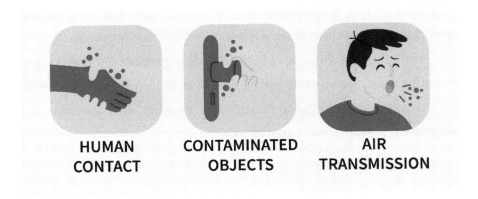

HUMAN CONTACT   **CONTAMINATED OBJECTS**   **AIR TRANSMISSION**

Le contact direct avec une personne infectée est l'une des façons les plus courantes dont les virus se transmettent d'une personne à l'autre et peut être l'une des plus mortelles. Cela peut se produire lorsqu'il y a un contact direct avec la peau malade ou les muqueuses, ainsi qu'un contact avec des fluides biologiques tels que la salive, le sang ou le sperme. Le VIH, les virus de l'hépatite B et C, et le virus de l'herpès simplex sont tous des exemples de virus qui peuvent être transmis de personne à personne par contact direct.

Les gouttelettes respiratoires sont de minuscules particules de fluide expulsées de la bouche et du nez lorsqu'une personne parle, tousse ou éternue. Ces gouttelettes peuvent contenir des virus et, si elles sont inhalées par une autre personne, elles peuvent la contaminer. Il est également possible que les gouttelettes respiratoires se déposent sur des surfaces et des objets, où elles peuvent rester infectieuses pendant un certain temps. Le virus de la grippe et le coronavirus sont tous deux des exemples de virus qui peuvent être transmis par les gouttelettes respiratoires d'une personne infectée.

Lorsque les virus sont transmis de personne à personne par des particules microscopiques qui flottent dans l'air pendant une longue période, on parle de transmission aérienne. Cela peut se produire dans des endroits comme les avions, les bus et les hôpitaux qui ont une ventilation insuffisante et beaucoup de personnes entassées dans un petit espace. Le virus de la rougeole et le virus de la varicelle sont tous deux des exemples de virus qui peuvent être transmis de personne à personne par transmission aérienne.

Lorsque les virus se propagent par l'intermédiaire d'aliments, d'eau ou de surfaces contaminés, on parle de transmission féco-orale. Cela peut se produire lorsque les gens ne se lavent pas les mains après avoir utilisé les toilettes ou lorsque la nourriture est préparée ou servie par quelqu'un qui est infecté. L'hépatite A et le norovirus sont deux exemples de virus qui peuvent se propager par transmission féco-orale.

Lorsque des insectes ou d'autres organismes, collectivement appelés vecteurs, transmettent des virus aux humains par piqûre ou d'autres formes de contact, on parle de transmission vectorielle. Les exemples de vecteurs comprennent les moustiques, les tiques et les puces. Le virus du Nil occidental et le virus Zika sont tous deux des exemples de virus qui peuvent être transmis d'un hôte à un autre par le biais de la transmission vectorielle.

Lorsque les virus sont transmis d'une femme enceinte à son fœtus ou à son nouveau-né, on parle de transmission de la mère à l'enfant ou de transmission verticale. Cela peut se produire pendant la grossesse, l'accouchement ou l'allaitement. Le VIH, les virus de l'hépatite B et C, et le virus Zika sont tous des exemples de virus qui peuvent être transmis de la mère à l'enfant par le biais de la transmission verticale.

Les effets de la transmission virale peuvent être très différents d'un virus à l'autre et d'un ensemble de circonstances à l'autre, en fonction à la fois du virus lui-même et des conditions dans lesquelles il se propage. Certains virus, comme celui qui cause le rhume, sont considérés comme assez inoffensifs et ne nécessitent généralement pas de traitement médical. D'autres virus, tels que le VIH et l'hépatite C, sont également capables de provoquer des maladies chroniques nécessitant un traitement médical continu. D'autres virus, comme le virus de la grippe et le coronavirus, sont capables de provoquer des maladies respiratoires graves et ont le potentiel de déclencher des épidémies voire des pandémies.

La seule manière de prévenir et de guérir efficacement les infections virales est de comprendre en premier lieu les nombreuses façons dont les virus peuvent se transmettre d'un hôte à un autre. Se laver les mains fréquemment, se faire vacciner et porter un équipement de protection comme des masques et des gants sont toutes des méthodes essentielles pour prévenir la propagation des virus. De plus, les décisions concernant le mode de vie, telles que l'adoption de comportements sexuels sécuritaires et l'évitement du partage d'aiguilles, peuvent également contribuer à la prévention des infections virales.

Prévention des virus

Des micro-organismes connus sous le nom de virus sont la principale cause d'une grande variété de maladies infectieuses qui peuvent toucher à la fois les humains et les animaux. Bien que l'impact des infections virales puisse varier considérablement, des maladies bénignes qui se résolvent d'elles-mêmes à des maladies graves pouvant entraîner une hospitalisation, voire la mort, il existe plusieurs stratégies pour prévenir la propagation des infections virales. Dans le cadre de cette section, nous examinerons diverses approches pour prévenir les infections virales, telles que la vaccination et le maintien de normes élevées d'hygiène personnelle.

L'une des armes les plus puissantes dans la lutte contre les maladies infectieuses causées par les virus est la vaccination. Les vaccins sont efficaces car ils déclenchent la production d'anticorps par le système immunitaire, qui sont capables d'identifier et de combattre des agents pathogènes particuliers. Les vaccins peuvent être administrés avant ou après qu'une personne ait été exposée à un virus afin d'éviter l'infection ou de réduire la gravité d'une maladie déjà acquise. La vaccination contre la grippe, la vaccination contre la rougeole et la vaccination contre le VPH sont quelques exemples de vaccins utilisés pour prévenir les maladies virales.

Se laver les mains est l'une des techniques les plus simples et les plus efficaces pour prévenir la transmission de maladies infectieuses causées par des virus. Une bonne hygiène des mains consiste à se laver les mains régulièrement avec du savon et de l'eau, pendant au moins 20 secondes, et à éviter de toucher son visage avec des mains non lavées. Il est particulièrement important de se laver les mains après être allé aux toilettes, avant de manger ou de préparer de la nourriture, et après avoir toussé ou éternué pour réduire la propagation des germes.

Le terme "équipement de protection individuelle", ou EPI en abrégé, désigne un type spécifique de vêtements de protection destiné à empêcher la transmission d'agents pathogènes infectieux. Les EPI peuvent inclure des masques, des gants, des blouses et des visières. L'équipement de protection individuelle revêt une importance capitale pour le personnel de santé en raison de la probabilité qu'ils entrent en contact avec des virus infectieux dans le cadre de leur travail. Lorsqu'il y a une épidémie d'une maladie infectieuse, les membres du grand public peuvent contribuer à contrôler la transmission du virus en utilisant un équipement de protection individuelle (EPI).

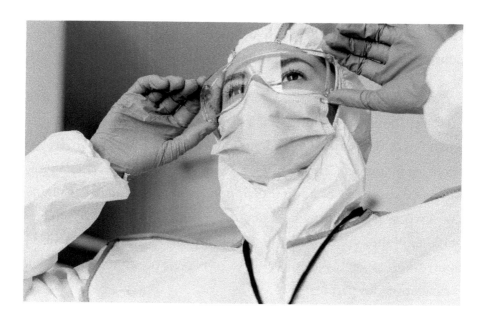

L'une des méthodes pour éviter la transmission des infections virales est appelée la distanciation sociale, qui consiste à réduire la quantité d'interactions entre les individus. Maintenir une distance d'au moins six pieds par rapport aux autres est l'une des pratiques recommandées pour l'isolement social, ainsi que le fait de rester à la maison, d'éviter les grands rassemblements et de ne pas parler à quiconque pendant au moins six heures par jour. La distanciation sociale a été utilisée comme stratégie pour prévenir la propagation des infections virales lors de pandémies, telles que la pandémie de COVID-19.

Les infections sexuellement transmissibles, parfois appelées IST, sont une catégorie de virus qui peuvent être transmis d'une personne à une autre par contact sexuel. La transmission des infections sexuellement transmissibles (IST) telles que le VIH, l'herpès et l'hépatite B et C peut être partiellement prévenue en pratiquant des relations sexuelles protégées, comme l'utilisation de préservatifs.

La pratique du partage de seringues, qui pose un risque de propagation de maladies virales, est particulièrement répandue parmi les personnes qui utilisent des drogues injectables. Les programmes d'échange de seringues, qui fournissent des seringues propres aux personnes qui utilisent des drogues injectables, peuvent contribuer à réduire le risque de transmission de maladies virales telles que le VIH et l'hépatite C.

Le système immunitaire, qui joue un rôle clé dans la prévention et la lutte contre les infections virales, peut être renforcé en maintenant une nutrition adéquate et une hydratation suffisante. Une alimentation équilibrée comprenant des fruits, des légumes, des céréales complètes et des protéines maigres, ainsi qu'une bonne hydratation en buvant beaucoup d'eau, peuvent contribuer à soutenir le système immunitaire et à réduire le risque d'infections virales.

Il est possible que le risque d'infection augmente si vous voyagez dans des endroits où il y a une épidémie d'une infection virale. Vous pouvez réduire vos chances de contracter une maladie virale en évitant de voyager dans des régions touchées par des épidémies de la maladie ou en prenant des précautions telles que l'application de répulsif contre les insectes ou le port de vêtements de protection.

La vaccination, une bonne hygiène, l'utilisation d'équipements de protection individuelle, la distanciation sociale, les pratiques sexuelles sécurisées, l'évitement du partage de seringues, une nutrition et une hydratation appropriées, ainsi que l'évitement de voyager dans des zones touchées par des épidémies sont toutes des composantes nécessaires d'une stratégie efficace de prévention des infections virales. En mettant en pratique ces techniques, nous pouvons nous protéger ainsi que nos communautés contre les conséquences graves des infections virales.

Il est important de noter que l'efficacité de ces mesures préventives peut varier d'un virus à l'autre, ainsi que selon les circonstances dans lesquelles il se propage de personne à personne. Par exemple, certains virus peuvent être plus facilement transmis par des gouttelettes respiratoires, tandis que d'autres peuvent être plus facilement transmis par un contact direct. De même, la vaccination peut être plus efficace pour prévenir la propagation de certains virus que d'autres, tandis que d'autres ne sont peut-être pas du tout prévenables.

En plus de prendre ces mesures préventives, il est essentiel de consulter un médecin si vous avez la moindre raison de penser que vous pourriez être atteint d'une maladie virale. Obtenir un diagnostic et commencer un traitement dès que possible peut permettre d'arrêter la propagation du virus et de réduire la gravité de la maladie. En cas d'épidémie d'une infection virale, il est essentiel de suivre les recommandations des professionnels de la santé publique pour empêcher la propagation du virus, vous protéger ainsi que votre communauté, et maintenir votre santé.

Chapitre II

Médecine Traditionnelle
et Antiviraux à Base de Plantes

Brève histoire de la médecine traditionnelle

La médecine traditionnelle, communément appelée médecine alternative ou médecine complémentaire, est une forme de traitement pratiquée dans de nombreuses régions du monde depuis des centaines d'années. La phytothérapie, l'acupuncture, le massage, et même la méditation font partie des formes de médecine traditionnelle. La médecine traditionnelle englobe une grande variété de techniques et de traitements. Dans cette section, nous allons explorer les origines et le développement de la médecine traditionnelle, des civilisations anciennes à nos jours.

Les anciennes civilisations de Chine, d'Inde, d'Égypte et de Grèce ont toutes contribué au développement de la médecine traditionnelle. Ces anciennes cultures ont élaboré leurs propres méthodes de traitement, fondées sur leur connaissance du fonctionnement du corps humain et de l'environnement naturel. La médecine traditionnelle chinoise en Chine repose sur le concept de qi, qui peut être traduit par "énergie vitale", et sur la pratique de l'acupuncture, qui est utilisée pour restaurer l'harmonie dans la circulation du qi dans le corps. La médecine traditionnelle indienne repose sur la pratique de l'Ayurveda, parfois appelée "science de la vie", ainsi que sur la consommation de remèdes à base de plantes pour maintenir une bonne santé et se prémunir contre les maladies. En Égypte, la médecine traditionnelle traite un large éventail de troubles en utilisant une combinaison d'extraits de plantes et de minéraux, ainsi que des produits dérivés d'animaux. En Grèce, la médecine traditionnelle est basée sur le concept des quatre humeurs, ou fluides corporels, et sur l'utilisation de remèdes à base de plantes et d'un régime alimentaire pour rétablir l'équilibre du corps.

La médecine traditionnelle a continué à se développer pendant le Moyen Âge en Europe. À cette époque, les scientifiques et les praticiens de la médecine traditionnelle ont cherché à combiner les connaissances anciennes de la Grèce et de Rome avec de nouvelles découvertes et concepts. Avicenne était un médecin perse qui a créé le "Canon de la médecine". Ce livre était un guide complet de la théorie et de la pratique médicale qui a été utilisé pendant des siècles en Europe et dans le monde islamique. Avicenne était l'une des personnalités les plus importantes de la médecine médiévale. D'autres personnages importants de la médecine médiévale comprennent Galien, un médecin romain dont les travaux sur l'anatomie et la physiologie ont influencé le développement de la médecine occidentale pendant des siècles, et Hildegarde de Bingen, une religieuse allemande qui a écrit abondamment sur l'utilisation des plantes et des remèdes naturels. Ces deux individus ont contribué de manière significative à l'avancement de la médecine pendant le Moyen Âge.

De nos jours, de nombreuses personnes recherchent des méthodes alternatives de soins de santé plus holistiques et individualisées que la médecine conventionnelle, ce qui a suscité un regain d'intérêt et d'acceptation pour la médecine traditionnelle à l'époque moderne. Dans de nombreuses régions du monde, la médecine traditionnelle est toujours la forme principale de soins de santé, en particulier dans les zones rurales et les pays en développement où l'accès à la médecine conventionnelle est limité. Aux États-Unis et dans d'autres pays industrialisés, la médecine traditionnelle a gagné en popularité en tant qu'approche complémentaire ou alternative à la médecine contemporaine. De nombreuses personnes utilisent des médicaments à base de plantes, l'acupuncture et d'autres thérapies pour traiter un large éventail de maux, et cette popularité a contribué à l'acceptation de la médecine traditionnelle dans la communauté médicale.

Malgré le nombre important de partisans et de défenseurs de la médecine traditionnelle, celle-ci est néanmoins impliquée dans de nombreux problèmes complexes et discussions controversées. La médecine traditionnelle présente de nombreux obstacles, l'un des plus importants étant le manque de preuves scientifiques pour étayer bon nombre des pratiques et des traitements qui sont souvent utilisés. Bien que quelques remèdes traditionnels aient été démontrés comme étant efficaces dans des essais cliniques, la plupart des remèdes traditionnels n'ont pas été soumis au même niveau d'investigation et sont donc susceptibles d'être inefficaces, voire dangereux. De plus, la médecine traditionnelle peut être controversée car elle implique souvent des pratiques et des remèdes qui ne sont pas acceptés par la médecine conventionnelle, ou qui peuvent entrer en conflit avec les pratiques et les directives médicales établies.

La médecine traditionnelle continue de se développer et de s'adapter malgré les problèmes auxquels elle est confrontée, tels que l'introduction de nouvelles technologies et les évolutions sociales et culturelles. De nombreux chercheurs et praticiens médicaux intègrent actuellement la médecine traditionnelle à la médecine conventionnelle afin de développer une pratique médicale conventionnelle plus holistique et individualisée. D'autres explorent de nouvelles méthodes de médecine conventionnelle, telles que l'application de la science moderne et de l'intelligence artificielle dans la création de régimes de traitement individualisés et l'amélioration de l'efficacité des médicaments conventionnels.

Quels sont les antiviraux à base de plantes ?

Les antiviraux à base de plantes sont des traitements non pharmaceutiques fabriqués à partir de plantes qui ont démontré leur capacité à inhiber la croissance des virus. Ces thérapies peuvent être utilisées pour prévenir et traiter les infections virales, et elles sont souvent utilisées en remplacement ou en complément des médicaments antiviraux traditionnels en tant que méthode de traitement alternative ou complémentaire. Dans cette section, nous discuterons de la définition des antiviraux à base de plantes, de leur utilisation et examinerons s'ils sont efficaces ou non.

Les antiviraux à base de plantes sont des remèdes naturels qui ont démontré des propriétés antivirales. Ces substances médicinales peuvent être extraites de diverses parties de la plante, telles que les racines, les feuilles, les fleurs et les baies. Les tisanes, teintures, gélules, crèmes topiques et lotions appliquées directement sur la peau ne sont que quelques-unes des formes que peuvent prendre les antiviraux à base de plantes lorsqu'ils sont fabriqués. L'échinacée, l'ail, le sureau et la réglisse sont quelques-uns des remèdes à base de plantes les plus couramment utilisés pour traiter les infections virales.

Les antiviraux à base de plantes ont le potentiel de traiter et de prévenir un large éventail de maladies virales, telles que le rhume, la grippe, l'herpès et l'hépatite. Le système immunitaire, qui joue un rôle essentiel dans la lutte contre les infections virales, peut bénéficier de l'aide que peuvent apporter ces thérapies. Les antiviraux à base de plantes peuvent également contribuer à réduire l'intensité et la durée des infections virales, et ils peuvent être utilisés en remplacement des médicaments antiviraux classiques ou en combinaison avec ces médicaments pour obtenir des résultats optimaux.

L'efficacité des antiviraux à base de plantes peut varier d'une plante à l'autre et d'un ensemble de circonstances à l'autre, en fonction de la manière dont ils sont utilisés. Bien que des essais cliniques aient démontré l'efficacité de certains antiviraux à base de plantes, la plupart des antiviraux à base de plantes n'ont pas fait l'objet de tests approfondis et peuvent donc ne pas être utiles, voire être dangereux. Avant de commencer un traitement par des antiviraux à base de plantes, il est essentiel d'en discuter avec un professionnel de la santé qualifié, en particulier si vous prenez déjà d'autres médicaments ou si vous avez d'autres problèmes de santé.

Il est essentiel de faire preuve d'une extrême prudence lors de l'utilisation d'antiviraux à base de plantes en raison de leur efficacité potentielle dans la prévention et le traitement des infections virales. Cependant, cela n'élimine pas la nécessité de faire preuve d'une extrême prudence lors de la prise de ces traitements. Certains antiviraux à base de plantes sont connus pour interagir négativement avec les médicaments sur ordonnance, et en prendre une quantité excessive peut être dangereux. Il est conseillé de consulter un professionnel de la santé avant d'utiliser des antiviraux à base de plantes, en particulier si vous prenez d'autres médicaments ou si vous avez des problèmes de santé sous-jacents.

L'utilisation d'antiviraux à base de plantes en complément des médicaments antiviraux classiques ou en remplacement de ces traitements présente de nombreux avantages potentiels. Les antiviraux à base de plantes sont souvent moins chers et plus faciles à obtenir que les médicaments antiviraux traditionnels, et ils peuvent également avoir moins d'effets indésirables. De plus, les antiviraux à base de plantes peuvent être utilisés comme mesure préventive pour soutenir le système immunitaire et réduire le risque d'infections virales.

De plus, les médicaments antiviraux classiques peuvent être associés à des antiviraux à base de plantes pour augmenter l'efficacité des deux types de traitement et réduire le risque d'effets indésirables. Par exemple, pendant le traitement de la grippe, le supplément d'échinacée ou d'ail peut contribuer à réduire la gravité et la durée des symptômes, ainsi qu'à soutenir le système immunitaire pendant le processus de guérison.

Les antiviraux à base de plantes présentent plusieurs avantages potentiels ; cependant, ces traitements sont également associés à diverses difficultés et controverses. L'un des obstacles les plus importants est le fait que bon nombre des affirmations faites sur les antiviraux à base de plantes ne sont étayées par aucune donnée scientifique. Bien que des essais cliniques aient démontré l'efficacité de certains antiviraux à base de plantes, la plupart de ces produits n'ont pas fait l'objet de tests approfondis et peuvent donc ne pas être utiles, voire être dangereux.

L'absence de réglementation et de normalisation des compléments à base de plantes est un autre obstacle à surmonter. Contrairement aux médicaments conventionnels, les compléments à base de plantes ne sont pas soumis aux mêmes contrôles rigoureux et à la réglementation des organismes gouvernementaux. Dans de telles situations, il peut être difficile pour les consommateurs de savoir exactement ce qu'ils achètent lorsqu'ils se procurent des compléments à base de plantes, ce qui peut également augmenter le risque d'interactions potentiellement dangereuses avec d'autres médicaments ou problèmes de santé.

Enfin, en ce qui concerne l'utilisation des antiviraux à base de plantes, il y a souvent un manque de communication et de compréhension entre les patients et les professionnels de la santé qui les traitent. Étant donné que de nombreux professionnels de la santé n'ont pas reçu de formation sur l'utilisation des remèdes à base de plantes, ils peuvent être méfiants quant à leur efficacité ou préoccupés par les conséquences potentielles de ces traitements. Il est essentiel que les patients discutent de leur utilisation de médicaments à base de plantes de manière transparente avec les professionnels de la santé qui les traitent, tout en demandant des conseils et de l'aide pour intégrer ces traitements dans leur stratégie globale de soins de santé.

Malgré ces défis, l'utilisation des antiviraux à base de plantes devrait continuer à gagner en popularité à mesure que les gens recherchent des approches alternatives des soins de santé plus holistiques et personnalisées que la médecine conventionnelle. Il est prévu que dans le futur, les chercheurs et les professionnels de la santé poursuivront leurs recherches sur les avantages et les risques potentiels des antiviraux à base de plantes, ainsi que leurs efforts pour développer des approches plus normalisées et contrôlées de l'utilisation de ces produits.

Comparaison entre la médecine moderne et la médecine traditionnelle

Tant la médecine moderne que la médecine traditionnelle sont des formes de soins de santé qui se sont développées au cours de l'histoire et sont pratiquées par des individus dans de nombreuses parties du monde. Les deux systèmes de pensée ont leurs mérites et leurs lacunes, mais ils présentent des points de vue contrastés sur la nature de la santé et de la maladie, ainsi que sur les moyens les plus efficaces de prévention et de traitement des maladies. Dans cette section, nous examinerons les différentes manières dont la médecine moderne et la médecine traditionnelle diffèrent et se ressemblent.

Dans le contexte des soins de santé, le terme "médecine moderne", souvent appelé "médecine conventionnelle", désigne une pratique médicale fondée sur l'étude scientifique et des méthodes étayées par des preuves. Les principaux objectifs de la médecine moderne sont le diagnostic et le traitement des maladies grâce à l'utilisation de divers médicaments, interventions chirurgicales et autres procédures médicales. La médecine moderne est pratiquée par des professionnels de la santé formés, notamment des médecins, des infirmières et d'autres professionnels de la santé.

La médecine traditionnelle, également appelée médecine alternative ou médecine complémentaire, est une forme de soins de santé pratiquée depuis des siècles dans différentes régions du monde. La médecine traditionnelle englobe un large éventail de pratiques. La médecine à base de plantes, l'acupuncture, le massage et même la méditation sont toutes des formes de médecine traditionnelle. Les pratiques médicales traditionnelles se concentrent souvent sur le postulat que le corps humain possède sa propre capacité innée de guérison et sur la croyance que le bien-être physique, mental et spirituel sont tous interconnectés.

La manière dont la médecine moderne et la médecine traditionnelle définissent la santé et la maladie est l'un des domaines les plus importants où elles diffèrent l'une de l'autre. La médecine moderne repose sur la méthode scientifique, qui tente de diagnostiquer et de traiter les maladies au moyen de techniques étayées par des preuves. En revanche, la médecine traditionnelle puise fréquemment dans des pratiques séculaires et des connaissances transmises de génération en génération. La médecine traditionnelle peut également intégrer des croyances spirituelles ou culturelles dans son approche de la santé et de la maladie.

Les méthodes de traitement employées par la médecine moderne et la médecine traditionnelle représentent une autre différence significative entre les deux. Le traitement des troubles dans la médecine moderne d'aujourd'hui implique fréquemment l'utilisation de médicaments, d'opérations chirurgicales et d'autres types de procédures médicales. En revanche, la médecine traditionnelle utilise fréquemment des traitements naturels tels que des herbes et des plantes pour maintenir une bonne santé et prévenir les maladies. L'acupuncture, le massage et la méditation sont autant d'exemples de thérapies alternatives qui peuvent être utilisées en médecine traditionnelle pour compléter la capacité innée du corps à s'auto-guérir.

L'absence de preuves scientifiques pour étayer bon nombre des méthodes et des traitements de la médecine traditionnelle est l'un des problèmes les plus importants de ce type de soins de santé. Bien que quelques traitements traditionnels aient été démontrés efficaces lors d'essais cliniques, la plupart des traitements traditionnels n'ont pas été soumis au même niveau d'examen et sont donc susceptibles d'être inefficaces, voire dangereux. En revanche, la médecine moderne fait l'objet de tests approfondis et est soumise à une réglementation stricte ; son efficacité et sa sécurité sont également bien documentées.

Ces dernières années, on observe un intérêt croissant pour l'intégration de la médecine traditionnelle et de la médecine moderne afin de créer une approche plus holistique et personnalisée des soins de santé. Cette stratégie vise à combiner les avantages des deux approches différentes tout en minimisant les inconvénients de chacune. Ainsi, certains professionnels de la santé peuvent conseiller à leurs patients de compléter leurs soins par des thérapies alternatives telles que l'acupuncture ou les remèdes à base de plantes, dans le but de réduire les effets indésirables de la thérapie médicale traditionnelle et d'améliorer la santé générale et le bien-être des patients.

Il est tout à fait possible que la médecine moderne et la médecine traditionnelle continuent à se développer et à s'adapter aux nouvelles avancées technologiques ainsi qu'aux évolutions sociales et culturelles à l'avenir. Il est envisageable qu'un accent accru soit mis sur l'utilisation de la médecine personnalisée, qui adapte les stratégies de traitement aux besoins spécifiques de certains patients. Alors que les prestataires de soins de santé s'efforcent d'améliorer la santé globale et le bien-être des patients tout en réduisant simultanément l'incidence des maladies, il pourrait y avoir un accent accru sur la prévention des maladies également.

Recherche basée sur des preuves concernant les antiviraux à base de plantes

Les remèdes naturels appelés antiviraux à base de plantes proviennent de plantes qui ont été découvertes pour avoir des effets antiviraux. Ces traitements sont efficaces pour la prévention et le traitement des infections virales, et ils sont fréquemment utilisés en alternative ou en complément des médicaments antiviraux traditionnels. Bien qu'il existe un corpus croissant de données scientifiques pour soutenir l'utilisation des antiviraux à base de plantes, leur efficacité peut varier en fonction de la plante particulière et des circonstances dans lesquelles elle est utilisée. Nous examinerons l'étude scientifique sur les antiviraux à base de plantes dans cette section.

Originaire d'Amérique du Nord, l'échinacée est utilisée depuis des générations pour traiter les maladies et renforcer le système immunitaire. Les capacités antivirales de l'échinacée ont fait l'objet de nombreuses recherches, en particulier lorsqu'elle est utilisée pour traiter le rhume et la grippe.

Une étude publiée dans le Journal of Infectious Diseases a révélé qu'une préparation spécifique d'échinacée était efficace pour réduire la gravité et la durée des symptômes du rhume courant, ainsi que pour réduire le nombre de rhumes vécus par les participants. Selon une autre étude publiée dans le Journal of Clinical Pharmacy and Therapeutics, l'échinacée s'est avérée utile pour réduire la gravité et la durée des symptômes de la grippe, ainsi que pour retarder le début de la maladie chez ceux qui avaient été exposés au virus. Même si ces essais offrent des preuves encourageantes en faveur de son utilisation, davantage de recherches sont nécessaires pour comprendre pleinement l'efficacité et la sécurité de l'échinacée en tant qu'antiviral à base de plantes.

Il a été établi que l'ail possède des effets antiviraux. L'allicine, une substance présente dans l'ail, a démontré des propriétés antivirales contre plusieurs virus, dont le rhume courant, la grippe et le virus de l'herpès simplex.

Selon une étude parue dans le Journal of Nutrition, les participants qui prenaient des compléments d'ail attrapaient moins de rhumes et présentaient des symptômes plus courts et plus légers. Une autre étude publiée dans le Journal of Antimicrobial Chemotherapy a révélé que l'allicine était efficace pour inhiber la réplication du virus de l'herpès simplex. Même si ces études apportent un soutien encourageant à l'utilisation de l'ail comme antiviral naturel, davantage d'investigations sont nécessaires pour comprendre pleinement son efficacité et sa sécurité.

La plante européenne connue sous le nom de sureau est utilisée depuis longtemps pour traiter les infections virales. Les anthocyanes, présents dans le sureau, ont démontré des effets antiviraux.

Selon une étude parue dans le Journal of International Medical Research, la prise de compléments de sureau a contribué à rendre les symptômes de la grippe moins graves et de plus courte durée chez les participants. Le sureau s'est avéré bénéfique pour empêcher la réplication de nombreuses souches du virus de la grippe, selon une autre étude parue dans le Journal of Alternative and Complementary Medicine. Même si ces études offrent des preuves encourageantes à cet égard, des recherches supplémentaires sont nécessaires pour comprendre pleinement l'efficacité et la sécurité du sureau en tant qu'antiviral à base de plantes.

La racine de réglisse est une plante couramment utilisée qui a démontré des propriétés antivirales. Les triterpénoïdes, présents dans la racine de réglisse, ont démontré des propriétés antivirales contre plusieurs virus, dont le virus de l'herpès simplex, le virus de l'hépatite C et le VIH.

Le coronavirus du SRAS, qui a provoqué une épidémie mondiale en 2002-2003, a été découvert comme étant efficacement inhibé par un composé particulier trouvé dans la racine de réglisse, selon une étude publiée dans le Journal of Medical Virology. Dans une autre étude parue dans le Journal of Antiviral Research, la racine de réglisse s'est avérée efficace pour empêcher la réplication du virus de l'herpès simplex. Bien que ces études offrent des preuves encourageantes que la racine de réglisse peut être utilisée comme antiviral à base de plantes, davantage de recherches sont nécessaires pour comprendre pleinement sa sécurité et son efficacité.

La plante andrographis, originaire de Chine et d'Inde, est utilisée depuis longtemps pour traiter les infections virales. Les andrographolides, présents dans l'andrographis, ont été trouvés pour avoir des effets antiviraux.

Une étude publiée dans le Journal of Ethnopharmacology a révélé que l'andrographis était efficace pour réduire la gravité et la durée des symptômes du rhume courant. Selon une autre étude publiée dans le Journal of Clinical Virology, l'andrographis était efficace pour empêcher la réplication du virus de la grippe. Même si ces études offrent des preuves encourageantes à cet égard, des recherches supplémentaires sont nécessaires pour comprendre pleinement l'efficacité et la sécurité de l'andrographis en tant qu'antiviral à base de plantes.

Originaire de Chine, l'astragale est utilisée depuis de nombreuses années pour soigner les infections et renforcer le système immunitaire. Les polysaccharides, présents dans l'astragale, ont été trouvés pour avoir des effets antiviraux.

Selon une étude publiée dans le Journal of Clinical Virology, l'astragale s'est avérée efficace pour empêcher la réplication du virus de l'herpès simplex. Une autre étude publiée dans le Journal of Medical Virology a trouvé que l'astragale était bénéfique pour empêcher la réplication du virus de la grippe. Bien que ces études fournissent des preuves prometteuses pour l'utilisation de l'astragale comme antiviral à base de plantes, des recherches supplémentaires sont nécessaires pour comprendre pleinement son efficacité et sa sécurité.

En Chine et dans d'autres parties de l'Asie, la médecine traditionnelle chinoise (MTC) est pratiquée depuis des milliers d'années comme une forme de soins de santé. Pour promouvoir la santé et traiter les maladies, la MTC utilise diverses méthodes, notamment l'acupuncture et les médicaments à base de plantes.

L'efficacité de la MTC dans le traitement des infections virales a été étudiée dans plusieurs études. Selon une étude publiée dans le Journal of Alternative and Complementary Medicine, les symptômes de la grippe étaient moins graves et de plus courte durée chez les participants lorsque des herbes de la MTC étaient utilisées en combinaison. Selon une autre étude publiée dans le Journal of Clinical Virology, les herbes de la MTC étaient utiles pour empêcher la réplication du virus de la grippe. Bien que ces études fournissent des preuves prometteuses pour l'utilisation de la MTC comme antiviral à base de plantes, des recherches supplémentaires sont nécessaires pour comprendre pleinement son efficacité et sa sécurité.

Bien que l'utilisation d'antiviraux à base de plantes puisse être une alternative sûre et potentiellement bénéfique à la prise de médicaments antiviraux sur ordonnance, il est nécessaire de faire preuve de prudence. Les médicaments à base de plantes peuvent interagir avec d'autres médicaments et avoir des effets indésirables, et il existe une large gamme de pureté et de qualité des produits à base de plantes.

Avant d'utiliser des remèdes à base de plantes, il est essentiel de consulter un praticien médical, en particulier si vous prenez d'autres médicaments ou si vous avez des problèmes de santé préexistants. De plus, il est crucial de suivre correctement les directives posologiques et d'obtenir des produits à base de plantes auprès de fournisseurs de confiance.

Chapitre III

Les 20 principaux
antiviraux à base de plantes

Sureau

Sambucus nigra, souvent appelée sureau, est une plante européenne native qui est utilisée depuis des siècles pour traiter diverses maladies, y compris les infections virales. La plante produit de petites baies violet foncé riches en vitamines et en antioxydants qui ont démontré des propriétés antivirales.

Le sureau a une longue histoire d'utilisation en médecine traditionnelle. Les Amérindiens utilisaient le sureau comme remède contre les infections, les blessures et les affections respiratoires, tandis que les anciens Égyptiens l'utilisaient pour blanchir leur peau et traiter les brûlures. En Europe, le sureau est depuis longtemps utilisé comme traitement naturel contre le rhume et la grippe.

Au Moyen Âge, les sureaux étaient fréquemment utilisés en Europe comme source alimentaire et pour fabriquer du vin et des liqueurs. Les fleurs et les baies de la plante étaient utilisées pour créer une variété de plats culinaires, dont des confitures, des gelées et des sirops.

Des recherches scientifiques récentes ont confirmé les propriétés antivirales du sureau. Les anthocyanines présentes dans les baies ont démontré des propriétés antivirales contre plusieurs types de virus de la grippe.

Selon une étude publiée dans le Journal of International Medical Research, la prise de compléments de sureau a permis de réduire la sévérité et la durée des symptômes de la grippe chez les participants. L'étude a également découvert que le sureau était efficace pour empêcher la propagation de plusieurs types de virus de la grippe.

Selon une autre étude publiée dans le Journal of Alternative and Complementary Medicine, le sureau était efficace pour empêcher la réplication du virus de l'herpès simplex. Selon la recherche, le sureau peut empêcher les virus d'entrer dans les cellules de leurs hôtes, les empêchant ainsi de se multiplier et de se propager.

Le sureau a également démontré des effets immunomodulateurs, ce qui signifie qu'il peut contribuer à la régulation du système immunitaire. Une étude publiée dans le Journal of Functional Foods a révélé que la supplémentation en sureau augmentait la production de cytokines, des protéines qui jouent un rôle clé dans la réponse immunitaire.

Le rhume et la grippe sont deux maladies virales pour lesquelles le sureau est souvent utilisé en tant que traitement naturel. En plus d'autres formes, le sureau peut être pris sous forme de sirop, de thé ou de gélules.

Une préparation courante est le sirop de sureau, qui peut être fabriqué à la maison ou acheté dans un magasin d'aliments naturels. Les baies de sureau sont cuites dans de l'eau avec du miel et des épices pour fabriquer le sirop de sureau, qui est ensuite filtré et conditionné. Le sirop peut être consommé tel quel à la cuillère ou mélangé avec de l'eau ou du thé.

Une autre préparation populaire est le thé au sureau. Les baies séchées peuvent être infusées quelques minutes dans de l'eau chaude, filtrées et sucrées avec du miel ou un autre édulcorant.

Les gélules et les teintures de sureau sont également disponibles à l'achat dans les magasins d'aliments naturels et auprès de détaillants en ligne. Ces produits sont fabriqués à partir d'extrait concentré et normalisé de sureau, qui présente une concentration constante en principes actifs.

Bien que le sureau soit généralement considéré comme sûr pour la plupart des individus, il y a quelques points à surveiller. Les baies de sureau ne doivent pas être consommées crues, car cela peut rendre malade, provoquer des vomissements et des diarrhées. Comme la sécurité du sureau pendant la grossesse et l'allaitement n'a pas été vérifiée, les femmes enceintes ou allaitantes ne devraient pas en consommer.

Étant donné que la qualité et la pureté des produits à base de sureau peuvent varier considérablement, il est essentiel de les obtenir auprès de sources fiables. Si vous prenez d'autres médicaments ou avez une condition médicale préexistante, vous devriez consulter un professionnel de la santé avant d'utiliser du sureau, car il peut interagir avec certains médicaments.

Échinacée

L'échinacée, également connue sous le nom de rudbeckie, est une plante originaire d'Amérique du Nord qui est utilisée depuis des siècles pour traiter divers maux, notamment les infections virales. La plante produit des fleurs lumineuses semblables à des marguerites, riches en substances supposées avoir des propriétés stimulantes pour le système immunitaire.

L'échinacée a une longue histoire d'utilisation en médecine traditionnelle. Les tribus amérindiennes utilisaient l'échinacée pour traiter diverses affections, telles que les infections, les blessures et les morsures de serpent. Les premiers colons nord-américains utilisaient souvent cette plante comme remède maison contre la grippe et le rhume.

Au début du XXe siècle, l'échinacée a gagné en popularité en Europe en tant que traitement à base de plantes contre les affections respiratoires. La plante était également couramment utilisée par les soldats pour traiter et prévenir les maladies pendant la Seconde Guerre mondiale.

Des recherches scientifiques récentes ont confirmé les propriétés stimulantes du système immunitaire de l'échinacée. Les alkylamides présents dans la plante se sont avérés avoir des effets immunomodulateurs, ce qui signifie qu'ils peuvent aider à réguler le système immunitaire.

Une étude publiée dans le Journal of Clinical Pharmacy and Therapeutics a révélé que la supplémentation en échinacée réduisait l'incidence et la gravité des rhumes chez les participants. Selon l'étude, l'échinacée s'est avérée efficace pour réduire la gravité des symptômes du rhume.

Selon une autre étude publiée dans le Journal of Alternative and Complementary Medicine, l'échinacée s'est révélée efficace pour empêcher la réplication du virus de l'herpès simplex. Selon cette recherche, l'échinacée peut empêcher les virus de pénétrer dans les cellules de leur hôte, les empêchant ainsi de se multiplier et de se propager.

En plus de ses propriétés antivirales, l'échinacée a également démontré des effets anti-inflammatoires et antioxydants, ce qui peut contribuer à prévenir la dégradation cellulaire causée par les radicaux libres. Les maladies virales courantes traitées naturellement avec de l'échinacée comprennent le rhume et la grippe. Il existe de nombreuses façons de consommer de l'échinacée, telles que le thé, la teinture ou la capsule.

Le thé à l'échinacée est une préparation populaire, que l'on peut préparer en faisant infuser la plante séchée ou fraîche dans de l'eau chaude pendant plusieurs minutes. On peut utiliser du miel ou d'autres édulcorants pour sucrer le thé. Vous pouvez également acheter des teintures d'échinacée dans les magasins d'aliments naturels et auprès de vendeurs en ligne. Ces produits sont fabriqués à partir d'extrait concentré et standardisé d'échinacée, ce qui maintient une quantité constante de principes actifs.

Les gélules et les comprimés d'échinacée sont une autre préparation populaire. Ces produits, disponibles dans de nombreuses forces et formulations, sont vendus dans les magasins d'aliments naturels et auprès de vendeurs en ligne.

Bien que l'échinacée soit généralement considérée comme sûre pour la plupart des personnes, il y a quelques éléments à surveiller. Les personnes atteintes de maladies auto-immunes ne devraient pas consommer d'échinacée, car les effets immunostimulants de la plante pourraient aggraver leur état.

La sécurité de l'échinacée pendant la grossesse et l'allaitement n'ayant pas été vérifiée, les femmes enceintes ou allaitantes ne devraient pas en consommer.

Il est important d'acheter des produits d'échinacée auprès de sources réputées, car la qualité et la pureté de ces produits peuvent varier considérablement. Si vous prenez d'autres médicaments ou si vous avez une condition médicale préexistante, il est conseillé de consulter un professionnel de la santé avant d'utiliser de l'échinacée, car elle peut interagir avec certains médicaments.

Andrographis

La plante originaire d'Asie du Sud-Est, également connue sous le nom d'Andrographis paniculata, est utilisée depuis des siècles en médecine traditionnelle pour traiter diverses affections, y compris les infections virales. Cette plante est un remède naturel prometteur pour la prévention et le traitement des infections virales car elle contient des substances aux propriétés stimulantes du système immunitaire et anti-inflammatoires.

Dans le Sud-Est asiatique, l'andrographis est utilisée depuis longtemps en médecine traditionnelle, en particulier dans les pratiques chinoises et ayurvédiques. Les usages traditionnels de la plante comprenaient le traitement des infections respiratoires, des problèmes d'estomac et de la fièvre.

En médecine ayurvédique, l'andrographis était utilisée pour traiter les troubles du foie et favoriser la digestion. En médecine chinoise, l'andrographis était utilisée pour soigner les infections, y compris celles provoquées par des virus.

Des études scientifiques récentes ont validé les capacités immunostimulantes et antivirales de l'andrographis. Les andrographolides, présents dans la plante, ont été démontrés pour avoir des effets immunomodulateurs, ce qui signifie qu'ils peuvent aider à contrôler le système immunitaire.

Selon une étude publiée dans le Journal of Ethnopharmacology, l'andrographis est efficace pour empêcher la réplication du virus de la grippe. Selon cette recherche, l'andrographis peut empêcher les virus d'entrer dans les cellules de leur hôte, les empêchant ainsi de se multiplier et de se propager.

Une autre étude publiée dans le Journal of Medicinal Food a révélé que l'andrographis était efficace pour réduire la gravité et la durée des symptômes chez les personnes atteintes du rhume.

L'andrographis a également montré des propriétés anti-inflammatoires et antioxydantes, qui peuvent contribuer à protéger les cellules des dommages causés par les radicaux libres.

Les maladies virales courantes traitées naturellement avec de l'andrographis comprennent le rhume, la grippe et diverses affections respiratoires. Il existe de nombreuses façons de consommer de l'andrographis, telles que sous forme de thé, de teinture ou de comprimé.

Une recette courante pour le thé à l'andrographis consiste à faire infuser la plante séchée ou fraîche dans de l'eau bouillante pendant plusieurs minutes. Du miel ou d'autres édulcorants peuvent être utilisés pour sucrer le thé.

Les teintures et les extraits d'andrographis sont également vendus dans les magasins d'aliments naturels et en ligne. Ces produits sont fabriqués à partir d'un extrait concentré et normalisé d'andrographis, qui maintient une quantité constante d'ingrédients actifs. Les capsules et les comprimés d'andrographis sont une autre préparation populaire. Les magasins d'aliments naturels et les vendeurs en ligne proposent tous deux ces produits, qui se déclinent en différentes concentrations et formulations.

Bien que l'andrographis soit généralement considérée comme sûre pour la plupart des gens, il y a quelques éléments à surveiller. Les personnes atteintes de maladies auto-immunes ne devraient pas consommer d'andrographis, car les caractéristiques immunostimulantes de la plante pourraient aggraver leur état. Comme la sécurité de l'andrographis pendant la grossesse et l'allaitement n'a pas été vérifiée, les femmes enceintes ou allaitantes ne devraient pas en consommer.

Étant donné que la qualité et la pureté de ces produits peuvent varier considérablement, il est essentiel d'acheter des produits d'andrographis auprès de fournisseurs fiables. Si vous prenez d'autres médicaments ou avez une condition médicale préexistante, vous devriez consulter un professionnel de la santé avant d'utiliser de l'andrographis, car il peut interagir avec certains médicaments.

Réglisse

Une plante originaire d'Europe et d'Asie appelée réglisse, également connue sous le nom scientifique Glycyrrhiza glabra, est utilisée depuis des siècles en médecine traditionnelle pour guérir une large gamme de maladies, y compris les infections virales. La plante est une médecine naturelle prometteuse pour la prévention et le traitement des infections virales car elle contient des substances aux propriétés immunostimulantes et anti-inflammatoires. Cette section examinera l'histoire, les applications et les données de soutien sur la réglisse.

En Europe et en Asie, la réglisse a une longue histoire d'utilisation en médecine traditionnelle. La plante était traditionnellement utilisée pour traiter diverses affections, telles que les maladies de la peau, les problèmes d'estomac et les infections respiratoires.

La réglisse était fréquemment associée à d'autres herbes en médecine chinoise ancienne pour traiter les infections respiratoires telles que le rhume et la bronchite. La réglisse était utilisée en médecine ayurvédique pour soulager les problèmes digestifs et promouvoir la santé générale et la forme physique.

Des études récentes ont établi que la réglisse possède des effets immunostimulants et antiviraux. L'acide glycyrrhizique et la glycyrrhizine, deux substances présentes dans la plante, ont été démontrés pour avoir des effets immunomodulateurs, ce qui signifie qu'ils peuvent aider à réguler le système immunitaire.

Une étude publiée dans le journal Phytomedicine a montré que la réglisse était efficace pour inhiber la réplication du virus SARS-CoV-2, responsable de la COVID-19. Selon l'étude, la glycyrrhizine de la réglisse peut empêcher l'entrée du virus dans la cellule hôte, empêchant ainsi sa multiplication et sa propagation.

Le virus de l'herpès simplex, responsable des boutons de fièvre et de l'herpès génital, a été efficacement inhibé par la glycyrrhizine, selon une autre étude publiée dans le Journal of Virology.

De plus, la réglisse a également démontré des propriétés anti-inflammatoires et antioxydantes, ce qui peut contribuer à protéger les cellules contre les dommages causés par les radicaux libres.

Les traitements naturels des infections virales, en particulier des affections respiratoires telles que le rhume et la grippe, sont souvent basés sur la réglisse. Il existe de nombreuses façons de consommer de la réglisse, telles que sous forme de thé, de teinture ou de comprimé. Le thé à la réglisse est une préparation populaire et peut être préparé en faisant infuser la racine séchée ou fraîche dans de l'eau chaude pendant plusieurs minutes. Du miel ou d'autres édulcorants peuvent être utilisés pour sucrer le thé.

Les magasins d'aliments naturels et les vendeurs en ligne vendent également des teintures et des extraits de réglisse. Ces produits sont fabriqués à partir d'un extrait concentré et normalisé de réglisse, qui maintient une quantité constante d'ingrédients actifs.

Les capsules et les comprimés de réglisse sont une autre préparation populaire. Ces produits peuvent être achetés dans les magasins d'aliments naturels ainsi que chez les détaillants en ligne. Ils se présentent sous différentes concentrations et formulations.

Bien que la réglisse soit généralement considérée comme sûre pour la plupart des individus, il y a quelques éléments à surveiller. Comme la réglisse peut entraîner une hypertension artérielle et d'autres problèmes de santé, il n'est pas recommandé d'en consommer fréquemment ou en grandes quantités.

Les personnes atteintes de certaines affections médicales, telles que l'hypertension artérielle, les maladies rénales et les tumeurs sensibles aux hormones, ne devraient pas consommer de réglisse. De plus, la réglisse peut interagir avec certains médicaments, il est donc important de consulter un professionnel de la santé avant de l'utiliser si vous prenez d'autres médicaments ou si vous avez une condition médicale préexistante. Étant donné que la qualité et la pureté des produits à base de réglisse peuvent varier considérablement, il est essentiel de les acheter auprès de fournisseurs fiables.

Ail

Allium sativum, communément appelé ail, est un membre de la famille des plantes oignons souvent utilisé en médecine traditionnelle et en cuisine. Depuis l'Antiquité, l'ail a été utilisé pour traiter diverses maladies, y compris les infections virales. La plante est une médecine naturelle prometteuse pour la prévention et le traitement des infections virales car elle contient des substances aux caractéristiques immunostimulantes et antibactériennes.

Les gens utilisent l'ail en médecine traditionnelle et en cuisine depuis des milliers d'années. La plante est originaire d'Asie centrale et est cultivée depuis plus de 5 000 ans dans de nombreuses régions du monde. Les anciennes civilisations, dont les Égyptiens, les Grecs et les Romains, ont utilisé les bienfaits thérapeutiques de l'ail. Les athlètes de la Grèce antique l'utilisaient pour améliorer leurs performances, et Pline l'Ancien, médecin romain, recommandait l'ail comme traitement pour divers maux, y compris les infections respiratoires.

La médecine traditionnelle chinoise a également utilisé l'ail pour traiter diverses affections, telles que les maladies de la peau, les problèmes digestifs et les infections respiratoires. L'ail a été utilisé pour traiter les infections respiratoires, les fièvres et les problèmes digestifs en médecine ayurvédique.

La capacité de l'ail à renforcer le système immunitaire et à lutter contre les virus a été confirmée par des études scientifiques récentes. L'allicine et l'alliine, deux substances présentes dans la plante, ont démontré des caractéristiques antibactériennes. Lorsque l'ail est écrasé ou haché, plusieurs substances sont libérées.

Dans une étude publiée dans la revue Phytomedicine, il a été découvert que l'extrait d'ail empêchait efficacement le virus SARS-CoV-2, responsable de la COVID-19, de se répliquer. L'étude a montré que l'allicine de l'ail était capable de bloquer l'entrée du virus dans la cellule hôte, empêchant ainsi sa réplication et sa propagation.

Le virus de l'herpès simplex, responsable des boutons de fièvre et de l'herpès génital, a été efficacement inhibé par l'extrait d'ail, selon une autre étude publiée dans le Journal of Medical Virology.

De plus, des études sur l'ail ont révélé qu'il possédait des caractéristiques anti-inflammatoires et antioxydantes qui pourraient aider à prévenir le stress oxydatif des cellules.

Le rhume et la grippe sont des maladies virales du système respiratoire qui peuvent être traitées naturellement avec de l'ail. Vous pouvez consommer de l'ail de plusieurs manières, cru, cuit ou sous forme de complément.

En plus de son utilisation en cuisine, l'ail a des avantages thérapeutiques et peut également être consommé en petites quantités cru. Les magasins d'aliments naturels et les vendeurs en ligne vendent également des compléments alimentaires à base d'ail. Ces produits sont fabriqués à partir d'extrait d'ail, concentré et normalisé pour garantir un niveau constant de composés actifs.

Pour ceux qui n'aiment pas le goût de l'ail ou qui ont du mal à en consommer suffisamment dans leur alimentation, les compléments alimentaires à base d'ail peuvent être utiles. Cependant, étant donné que la qualité et la pureté de ces produits peuvent varier considérablement, il est essentiel d'acheter des compléments alimentaires à base d'ail auprès de vendeurs fiables.

Même si l'ail est généralement considéré comme sans danger pour la grande majorité des personnes, il y a quelques précautions à prendre. Certains médicaments, tels que les anticoagulants et certains antibiotiques, peuvent interagir avec l'ail. Si vous prenez d'autres médicaments ou si vous avez déjà des problèmes de santé, il est essentiel de consulter un médecin avant de prendre des compléments alimentaires à base d'ail.

Certaines personnes peuvent ressentir des problèmes digestifs et des maux d'estomac avec l'ail, en particulier si elles en consomment en quantités excessives ou sous forme de complément alimentaire. Il est important de commencer par une petite quantité d'ail et d'augmenter progressivement la quantité pour voir comment votre corps réagit.

Gingembre

Une plante à fleurs originaire d'Asie du Sud-Est, connue sous le nom de gingembre, ou Zingiber officinale, est utilisée depuis des siècles en médecine traditionnelle pour traiter un large éventail de conditions, y compris les infections virales. La plante est une médecine naturelle prometteuse pour la prévention et le traitement des infections virales car elle contient des substances aux caractéristiques anti-inflammatoires et immunostimulantes.

Le gingembre est utilisé depuis des milliers d'années en médecine traditionnelle et en cuisine. Originaire d'Asie du Sud-Est, la plante a plus de 2 000 ans d'histoire d'utilisation en Chine et en Inde comme remède. Le gingembre est utilisé pour traiter l'inflammation, les infections respiratoires et les problèmes digestifs en médecine ayurvédique.

Le gingembre est souvent associé à d'autres herbes en médecine traditionnelle chinoise pour traiter les problèmes d'estomac et les infections respiratoires. Le gingembre est également un ingrédient populaire dans de nombreuses cuisines du monde, en particulier en Asie.

Des études scientifiques récentes ont validé la capacité du gingembre à réduire l'inflammation et à renforcer le système immunitaire. Connues sous le nom de gingerols et de shogaols, ces substances d'origine végétale ont démontré des activités anti-inflammatoires et antibactériennes.

Selon une étude publiée dans la revue Food and Function, l'extrait de gingembre est efficace pour empêcher le virus SARS-CoV-2, responsable de la COVID-19, de se répliquer. Selon l'étude, les gingerols ont la capacité d'arrêter la réplication du virus et sa propagation en bloquant son entrée dans la cellule hôte.

Une autre étude a indiqué que l'extrait de gingembre était utile pour empêcher le virus respiratoire syncytial, responsable des infections respiratoires, de se répliquer. Cette étude a été publiée dans le Journal of Ethnopharmacology.

De plus, il a été démontré que le gingembre possède des capacités antioxydantes qui peuvent aider à prévenir la détérioration cellulaire due aux radicaux libres.

Le gingembre est couramment utilisé comme remède naturel contre les infections virales, en particulier les infections respiratoires telles que le rhume et la grippe. Le gingembre peut être consommé de plusieurs manières, sous forme de thé, de complément alimentaire ou cru ou cuit dans les repas. Une recette courante pour faire du thé consiste à faire infuser du gingembre frais, râpé ou coupé en tranches, dans de l'eau chaude pendant quelques minutes. Le miel ou d'autres édulcorants peuvent être utilisés pour sucrer le thé.

Les magasins d'aliments naturels et les vendeurs en ligne vendent également des compléments alimentaires à base de gingembre. Ces produits sont fabriqués à partir d'extrait de gingembre concentré et normalisé, ce qui permet de maintenir une quantité constante de composés actifs.

Bien que la plupart des gens considèrent généralement le gingembre comme sans danger, il y a plusieurs choses à surveiller. Certains médicaments, tels que les anticoagulants et certains types de médicaments contre l'hypertension artérielle, peuvent interagir avec le gingembre. Il est important de consulter un professionnel de la santé avant de prendre des compléments alimentaires au gingembre si vous prenez d'autres médicaments ou si vous avez une condition médicale préexistante.

Lorsqu'il est consommé en doses excessives ou sous forme de complément alimentaire, le gingembre peut également irriter l'estomac de certaines personnes et entraîner d'autres problèmes digestifs. Il est important de commencer par une petite quantité de gingembre et d'augmenter progressivement la dose pour voir comment votre corps réagit.

Feuille d'olivier

La feuille d'olivier, une ancienne plante médicinale connue sous le nom d'Olea europaea, est utilisée depuis des siècles pour traiter diverses maladies, y compris les infections virales. La plante est une médecine naturelle prometteuse pour la prévention et le traitement des infections virales car elle contient des substances aux caractéristiques immunostimulantes et antibactériennes.

L'olivier est originaire de la région méditerranéenne, où il est cultivé depuis plus de 6 000 ans pour ses fruits, son huile et ses feuilles. Dans la Grèce antique, les feuilles d'olivier étaient utilisées pour traiter les fièvres et les infections, et elles étaient également utilisées comme symbole de paix et de victoire.

En raison de ses nombreux avantages pour la santé, la feuille d'olivier a également été utilisée en médecine traditionnelle dans toute la région méditerranéenne. La feuille d'olivier est utilisée pour traiter les fièvres et les infections en médecine ayurvédique, tout en ayant des propriétés anti-inflammatoires et hypotensives en médecine traditionnelle chinoise.

Des études scientifiques récentes ont montré que la feuille d'olivier contient des capacités immunostimulantes et antivirales. L'oléuropéine et l'hydroxytyrosol, deux substances présentes dans la plante, ont démontré des activités anti-inflammatoires et antibactériennes.

Selon une étude publiée dans le Journal of Medicinal Food, l'extrait de feuille d'olivier empêche efficacement le virus SARS-CoV-2, responsable de la COVID-19, de se répliquer. La recherche a découvert que la molécule d'oléuropéine présente dans la feuille d'olivier avait la capacité d'empêcher le virus d'entrer dans la cellule hôte, ce qui empêche sa multiplication et sa propagation.

Une autre étude publiée dans la revue Phytomedicine a révélé que l'extrait de feuille d'olivier était efficace pour inhiber la réplication du virus de l'herpès simplex, responsable des boutons de fièvre et de l'herpès génital.

De plus, il a été démontré que la feuille d'olivier possède des propriétés antioxydantes qui peuvent aider à prévenir la détérioration cellulaire causée par les radicaux libres.

Les traitements naturels des infections virales, en particulier les affections respiratoires telles que le rhume et la grippe, sont souvent basés sur la feuille d'olivier. La feuille d'olivier peut être consommée sous forme de thé, de pilule ou d'extrait liquide, entre autres.

Vous pouvez préparer du thé à base de feuille d'olivier en laissant infuser des feuilles d'olivier séchées dans de l'eau bouillante pendant un certain temps. De plus, les magasins d'aliments naturels et les vendeurs en ligne vendent des gélules et des extraits liquides.

Bien que la plupart des gens considèrent généralement la feuille d'olivier comme sans danger, il y a quelques choses à surveiller. La feuille d'olivier peut interagir avec certains médicaments, notamment les anticoagulants et certains types de médicaments contre l'hypertension artérielle. Si vous prenez d'autres médicaments ou si vous avez une affection médicale chronique, il est important de demander l'avis d'un professionnel de la santé avant de prendre des suppléments de feuille d'olivier.

Lorsqu'elle est consommée en doses excessives ou sous forme de complément alimentaire, la feuille d'olivier peut également irriter l'estomac de certaines personnes et provoquer d'autres problèmes digestifs. Il est important de commencer par une petite quantité de feuille d'olivier et d'augmenter progressivement la dose pour voir comment votre corps réagit.

Calendula

La plante médicinale traditionnelle, la calendula, également connue sous le nom de calendula officinalis, est utilisée depuis des siècles pour traiter diverses affections, y compris les infections virales. La plante est une médecine naturelle prometteuse pour la prévention et le traitement des infections virales car elle contient des substances aux caractéristiques anti-inflammatoires et immunostimulantes.

La calendula est originaire de la région méditerranéenne et est cultivée depuis des milliers d'années pour ses propriétés médicinales. Les Grecs et les Romains de l'Antiquité utilisaient la calendula pour soigner diverses affections, notamment les fièvres et les infections. La calendula a été utilisée dans la médecine traditionnelle pour ses nombreux avantages pour la santé, notamment en tant qu'anti-inflammatoire, cicatrisant et stimulant immunitaire. La plante a également été utilisée comme colorant naturel pour les aliments et les textiles.

Des études scientifiques récentes ont montré que la calendula possède des propriétés anti-inflammatoires et stimulantes du système immunitaire. La plante contient des triterpénoïdes et des flavonoïdes, qui ont démontré des activités antibactériennes et antivirales.

Une étude a montré que l'extrait de calendula était efficace pour empêcher la réplication du virus de la grippe A, comme l'a rapporté le Journal of Medicinal Plants Research. Selon l'étude, les flavonoïdes de la calendula ont pu empêcher le virus d'entrer dans la cellule hôte, l'empêchant ainsi de se multiplier et de se propager. Une autre étude publiée dans le Journal of Ethnopharmacology a montré que l'extrait de calendula était efficace pour inhiber la réplication du virus de l'herpès simplex.

Il a également été démontré que la calendula possède des propriétés antioxydantes, qui peuvent aider à protéger les cellules contre les dommages causés par les radicaux libres. La calendula est couramment utilisée comme remède maison pour les maladies virales, en particulier les infections respiratoires telles que la grippe et le rhume. Il existe de nombreuses façons de consommer la calendula, notamment sous forme de tisane, de comprimés ou de crème à usage externe.

Vous pouvez préparer une tisane de calendula en laissant mijoter des fleurs de calendula séchées dans de l'eau bouillante pendant un certain temps. De plus, les magasins d'aliments naturels et les commerçants en ligne vendent des capsules et des traitements topiques.

Les boutons de fièvre et l'herpès génital figurent parmi les affections cutanées fréquemment traitées avec de la crème de calendula. La zone affectée peut être traitée directement avec la crème plusieurs fois par jour. La calendula est généralement considérée comme sûre pour la grande majorité des personnes, mais il y a certaines considérations en matière de sécurité à prendre en compte. La calendula peut provoquer des réactions allergiques chez certaines personnes, en particulier celles qui sont allergiques aux plantes de la famille des Astéracées.

De plus, certains médicaments, tels que les anticoagulants et certains types de médicaments contre l'hypertension, peuvent interagir avec la calendula. Si vous prenez d'autres médicaments ou si vous avez déjà des problèmes de santé, il est essentiel de consulter un professionnel de la santé avant de prendre des compléments de calendula.

Mélisse

Depuis des siècles, les infections virales sont traitées à l'aide de mélisse, également connue sous le nom de Melissa officinalis, une plante médicinale traditionnelle. La plante est un remède naturel prometteur pour la prévention et le traitement des infections virales car elle contient des substances connues pour leurs propriétés anti-inflammatoires et antivirales.

Depuis l'Antiquité, la mélisse est cultivée pour ses bienfaits médicaux dans sa région méditerranéenne d'origine. Dans la Grèce antique, la mélisse était utilisée pour traiter divers maux, notamment les fièvres et les infections. La mélisse a été utilisée à des fins médicinales dans la médecine traditionnelle, notamment en tant qu'anti-inflammatoire, sédatif et digestif. De plus, la plante a été utilisée comme arôme naturel dans l'alimentation et les boissons.

Les effets anti-inflammatoires et antiviraux de la mélisse ont été confirmés par des études scientifiques récentes. L'acide rosmarinique et l'eugénol, deux substances présentes dans la plante, ont démontré des activités antivirales et antibactériennes.

Le virus de l'herpès simplex, responsable des boutons de fièvre et de l'herpès génital, a été efficacement inhibé par un extrait de mélisse, selon une étude publiée dans le journal Antiviral Research. Selon la recherche, le virus n'a pas pu se répliquer ni se propager car l'acide rosmarinique de la mélisse a bloqué l'entrée du virus dans la cellule hôte.

Une autre étude publiée dans le journal Phytotherapy Research a montré que l'extrait de mélisse était efficace pour inhiber la réplication du virus de la grippe A. Selon la recherche, l'eugénol de la mélisse a la capacité de supprimer le développement du virus, l'empêchant de se multiplier et de se propager. De plus, il a été démontré que la mélisse possède des propriétés antioxydantes qui peuvent aider à protéger les cellules contre les dommages causés par les radicaux libres.

Les infections virales courantes telles que le rhume et la grippe sont fréquemment traitées avec de la mélisse, un remède à base de plantes populaire. Il existe de nombreuses façons de consommer de la mélisse, notamment sous forme de tisane, de comprimés ou de pommade topique. Vous pouvez préparer une tisane de mélisse en laissant infuser des feuilles séchées dans de l'eau bouillante pendant un certain temps. De plus, les magasins d'aliments naturels et les commerçants en ligne vendent des capsules et des traitements topiques. Les boutons de fièvre génitale et l'herpès labial sont souvent traités avec de la crème à la mélisse. La zone affectée peut être traitée directement avec la crème plusieurs fois par jour.

Bien que la mélisse soit généralement considérée comme sûre pour la plupart des gens, il y a quelques précautions à prendre en compte. Certaines personnes, en particulier celles qui sont sensibles aux plantes de la famille des Lamiacées, peuvent présenter une réaction allergique à la mélisse.

De plus, certains médicaments, tels que les sédatifs et les prescriptions d'hormones thyroïdiennes, peuvent interagir avec la mélisse. Si vous prenez d'autres médicaments ou si vous avez une affection médicale non diagnostiquée, il est essentiel d'en discuter avec un professionnel de la santé avant d'utiliser des suppléments contenant de la mélisse.

Millepertuis

La plante médicinale traditionnelle millepertuis, également connue sous le nom d'Hypericum perforatum, est utilisée depuis des siècles pour traiter diverses affections, y compris les infections virales. La plante est un traitement naturel prometteur pour la prévention et le traitement des infections virales car elle contient des substances dotées de propriétés anti-inflammatoires, antivirales et antidépressives.

Le millepertuis est originaire d'Europe, mais il a été naturalisé dans de nombreuses régions du monde. Le millepertuis a été utilisé en médecine traditionnelle pour divers avantages pour la santé, notamment en tant qu'anti-inflammatoire, sédatif et analgésique. La plante a également été utilisée comme remède maison contre la dépression.

Les propriétés anti-inflammatoires, antivirales et antidépressives du millepertuis ont été confirmées par des études scientifiques récentes. L'hyperforine et l'hypericine, deux substances présentes dans la plante, ont prouvé leur efficacité en tant qu'agents antiviraux et antibactériens.

Selon une étude parue dans le journal Phytomedicine, l'extrait de millepertuis empêche efficacement le virus de l'herpès simplex, responsable de l'herpès génital et des boutons de fièvre, de se répliquer. Selon cette recherche, l'hypericine du millepertuis peut bloquer l'entrée du virus dans la cellule hôte, l'empêchant de se multiplier et de se propager.

Une autre étude a révélé que l'extrait de millepertuis était efficace pour empêcher la réplication du virus de la grippe A, et elle a été publiée dans le Journal of Ethnopharmacology. Selon cette recherche, l'hyperforine du millepertuis peut limiter la croissance des virus, les empêchant de se propager et de se multiplier. De plus, il a été démontré que le millepertuis possède des propriétés antioxydantes, qui peuvent aider à prévenir les dommages causés aux cellules par les radicaux libres.

Le millepertuis est fréquemment utilisé comme traitement naturel des maladies virales, en particulier des infections respiratoires telles que la grippe et le rhume. Il existe de nombreuses façons de consommer le millepertuis, notamment sous forme de tisane, de comprimés ou de pommade topique. Les feuilles et les fleurs séchées du millepertuis peuvent être infusées dans de l'eau bouillante pendant plusieurs minutes pour préparer une tisane. De plus, les magasins d'aliments naturels et les commerçants en ligne vendent des capsules et des traitements topiques.

Les boutons de fièvre et d'autres infections cutanées sont souvent traités avec une crème à base de millepertuis. La zone affectée peut être traitée directement avec la crème plusieurs fois par jour. Le millepertuis est généralement considéré comme sûr pour la plupart des personnes, mais il existe certaines précautions à prendre en compte. Certains médicaments, notamment les antidépresseurs, les pilules contraceptives, certains anticoagulants et les antidépresseurs, peuvent interagir avec le millepertuis. Si vous prenez d'autres médicaments ou si vous avez un problème de santé préexistant, il est essentiel d'en discuter avec un professionnel de la santé avant de prendre des comprimés de millepertuis.

Certaines personnes, en particulier celles qui sont allergiques aux plantes de la famille des Hypericacées, peuvent également présenter une réaction allergique au millepertuis. De plus, la plante peut rendre certaines personnes plus sensibles à la lumière du soleil.

Griffe de chat

L'Uncaria tomentosa, parfois appelée griffe de chat, est une plante médicinale originaire d'Amérique du Sud et d'Amérique centrale. Depuis de nombreuses années, la plante est utilisée en médecine traditionnelle pour traiter diverses affections, y compris les infections virales.

Les communautés autochtones de la forêt amazonienne ont depuis longtemps recours à la griffe de chat en médecine traditionnelle. Historiquement, la plante a été utilisée pour traiter diverses affections telles que les infections virales, l'arthrite et les problèmes digestifs. Elle a également été utilisée comme antipyrétique naturel et stimulant du système immunitaire.

Des études scientifiques récentes ont prouvé que la griffe de chat possède des propriétés antivirales et immunostimulantes. Les glycosides d'acide quinovique, présents dans la plante, ont démontré des effets antiviraux.

Selon une étude publiée dans le journal Antiviral Research, l'extrait de griffe de chat s'est révélé efficace pour empêcher la multiplication du virus de l'herpès simplex, responsable des boutons de fièvre et de l'herpès génital. L'étude a montré que les glycosides d'acide quinovique de la griffe de chat étaient capables d'inhiber l'entrée du virus dans la cellule hôte, empêchant ainsi sa réplication et sa propagation.

Selon une autre étude publiée dans le journal Bioorganic & Medicinal Chemistry Letters, l'extrait de griffe de chat s'est révélé efficace pour empêcher la réplication du virus de la grippe. Les avantages antiviraux de la plante, selon l'étude, étaient dus à sa capacité à réduire l'inflammation et à renforcer le système immunitaire.

La griffe de chat est généralement utilisée pour traiter les infections virales, en particulier les affections respiratoires telles que la grippe et le rhume. Il existe plusieurs façons de consommer la griffe de chat, notamment sous forme de tisane, de comprimés ou de teinture. Les écorces ou les feuilles de la griffe de chat peuvent être infusées dans de l'eau chaude pendant plusieurs minutes pour préparer une tisane. De plus, les magasins d'aliments naturels et les commerçants en ligne vendent des capsules et des teintures. Les teintures de griffe de chat sont fréquemment utilisées pour traiter la bronchite et la pneumonie, deux affections respiratoires. Vous pouvez soit ingérer la teinture, soit l'inhaler à l'aide d'un vaporisateur.

Bien que la griffe de chat soit généralement considérée comme sûre pour la plupart des personnes, il y a quelques précautions à prendre en compte. Certains médicaments, tels que les anticoagulants et les immunosuppresseurs, peuvent interagir avec la griffe de chat. Si vous prenez d'autres médicaments ou si vous avez un problème de santé préexistant, vous devriez consulter un médecin avant de prendre des compléments de griffe de chat. Certaines personnes, en particulier celles qui sont allergiques aux plantes de la famille des Rubiacées, peuvent également présenter une réaction allergique à la griffe de chat.

Astragale

La plante médicinale astragale, également connue sous le nom d'Astragalus membranaceus, est originaire de Chine et de Mongolie. La plante est utilisée depuis des milliers d'années en médecine traditionnelle chinoise pour renforcer le système immunitaire et traiter diverses maladies, y compris les infections virales.

L'astragale, également connue sous le nom de huang qi, a une longue histoire d'utilisation en médecine traditionnelle chinoise. L'herbe était traditionnellement utilisée pour renforcer les défenses de l'organisme et stimuler le système immunitaire. Elle était également utilisée pour traiter divers problèmes de santé, tels que la fatigue, la diarrhée et les infections respiratoires. Dans la médecine chinoise ancienne, l'astragale était souvent mélangée à d'autres herbes, telles que le ginseng et la réglisse, pour créer des toniques corporels puissants.

Beaucoup des avantages pour la santé de l'astragale qui sont depuis longtemps reconnus en médecine traditionnelle chinoise ont été confirmés par des études scientifiques récentes. Les polysaccharides, présents dans l'herbe, ont été découverts pour avoir des effets stimulants sur le système immunitaire.

Selon une étude publiée dans la revue Planta Medica, l'extrait d'astragale peut être utilisé pour augmenter l'activité des cellules tueuses naturelles, un type de globule blanc essentiel pour la réponse immunitaire de l'organisme aux infections virales.

Une autre étude publiée dans la revue Phytomedicine a révélé que l'extrait d'astragale était efficace pour réduire la gravité et la durée du rhume. Selon l'étude, l'herbe a la capacité de renforcer le système immunitaire et de réduire l'inflammation, ce qui peut aider à soulager les signes et symptômes des infections virales.

L'astragale est souvent utilisée comme remède maison pour les maladies virales, en particulier les infections respiratoires telles que la grippe et le rhume. La plante peut être consommée sous forme de tisane, de comprimé, ou de teinture, entre autres formes.

La racine d'astragale séchée peut être infusée dans de l'eau bouillante pendant plusieurs minutes pour préparer une tisane d'astragale. De plus, les magasins d'aliments naturels et les commerçants en ligne vendent des capsules et des teintures. La bronchite et la pneumonie sont deux affections respiratoires fréquemment traitées avec la teinture d'astragale. Vous pouvez soit ingérer la teinture, soit l'inhaler à l'aide d'un vaporisateur.

Bien que l'astragale soit généralement considérée comme sans danger pour la plupart des personnes, il y a quelques précautions à prendre en compte. Certains médicaments, tels que les immunosuppresseurs et les anticoagulants, peuvent interagir avec l'astragale. Il est important de consulter un professionnel de la santé avant de prendre des compléments d'astragale si vous prenez d'autres médicaments ou si vous avez une condition médicale préexistante. Certaines personnes, en particulier celles qui sont allergiques aux plantes de la famille des légumineuses, peuvent également présenter une réaction allergique à l'astragale.

Hydraste du Canada

Une herbe vivace originaire d'Amérique du Nord, la grande pimprenelle est également connue sous le nom scientifique d'Hydrastis canadensis. En raison de ses puissantes propriétés antivirales et stimulantes du système immunitaire, la plante possède une longue histoire d'utilisation dans la médecine traditionnelle amérindienne.

Les cultures amérindiennes ont utilisé la grande pimprenelle à des fins médicinales pendant des milliers d'années. Les Cherokee, les Iroquois et d'autres tribus ont utilisé cette herbe pour traiter diverses maladies, notamment les infections, les problèmes digestifs et les irritations cutanées. Dans la médecine traditionnelle amérindienne, la grande pimprenelle était souvent associée à d'autres herbes, telles que l'échinacée et la racine rouge, pour créer un puissant remède pour le corps.

De nombreuses propriétés bénéfiques de la grande pimprenelle qui sont reconnues depuis longtemps dans la médecine traditionnelle amérindienne ont été confirmées par des études scientifiques récentes. La plante contient de l'hydrastine et de la berbérine, deux substances aux puissantes propriétés antivirales et stimulantes du système immunitaire.

Selon une étude publiée dans le Journal of Ethnopharmacology, un extrait de grande pimprenelle s'est révélé efficace pour empêcher la réplication du virus de la grippe. Selon cette étude, la plante peut réduire l'intensité et la durée des symptômes de la grippe.

Une autre étude publiée dans le Journal of Medicinal Plants Research a montré que l'extrait de grande pimprenelle était efficace pour réduire l'activité du virus de l'herpès simplex. Selon cette étude, la plante peut atténuer la gravité des symptômes et empêcher la réplication du virus. La grande pimprenelle est couramment utilisée comme remède naturel contre les infections virales, en particulier les infections respiratoires telles que le rhume et la grippe. La plante peut être consommée sous forme de thé, de comprimé ou de teinture, entre autres.

La racine séchée de la grande pimprenelle peut être infusée dans de l'eau bouillante pendant plusieurs minutes pour préparer du thé à la grande pimprenelle. De plus, les magasins d'aliments naturels et les commerçants en ligne vendent des gélules et des teintures. La teinture de grande pimprenelle est couramment utilisée pour traiter la bronchite et la pneumonie, deux maladies respiratoires. Vous pouvez soit ingérer la teinture, soit l'inhaler à l'aide d'un vaporisateur.

La grande pimprenelle est généralement considérée comme sûre pour la plupart des gens, mais il y a quelques éléments à prendre en compte. Certaines substances, telles que les anticoagulants et les médicaments contre le diabète, peuvent interagir avec la grande pimprenelle. Si vous prenez déjà d'autres médicaments ou si vous avez une condition médicale, il est essentiel de consulter un médecin avant de prendre des compléments à base de grande pimprenelle. Certaines personnes, en particulier celles qui sont allergiques aux plantes de la famille des renonculacées, peuvent également présenter une réaction allergique à la grande pimprenelle.

Champignon Reishi

Le champignon Reishi, également connu sous le nom de Ganoderma lucidum, est un champignon médicinal qui bénéficie d'une longue histoire d'utilisation dans la médecine traditionnelle chinoise. Le champignon Reishi a gagné en popularité en tant que traitement naturel pour plusieurs maladies, y compris les infections virales, au cours des dernières années.

En raison de sa capacité à renforcer le système immunitaire et à réduire l'inflammation, les champignons Reishi sont utilisés depuis des milliers d'années dans la médecine traditionnelle chinoise. Selon la légende chinoise, le champignon, connu sous le nom de "champignon de l'immortalité", était utilisé pour favoriser une longue vie et le bien-être général. Le champignon Reishi était souvent associé à d'autres herbes, telles que l'astragale et le cordyceps, dans la médecine chinoise ancienne pour créer un traitement puissant pour le corps.

De nombreux avantages pour la santé du champignon Reishi, qui sont reconnus depuis longtemps dans la médecine traditionnelle chinoise, ont été confirmés par des études scientifiques récentes. Le champignon contient des composés appelés polysaccharides et triterpènes, qui ont montré des propriétés stimulantes du système immunitaire et antivirales.

Une étude a révélé que l'extrait de champignon Reishi était efficace pour empêcher la réplication du virus de l'hépatite B, et elle a été publiée dans le Journal of Ethnopharmacology. Selon l'étude, le champignon peut améliorer la fonction hépatique et réduire les niveaux viraux dans le corps.

L'extrait de champignon Reishi s'est révélé efficace pour réduire l'activité du virus de l'herpès simplex, selon une autre étude publiée dans le Journal of Medicinal Food. Selon l'étude, le champignon peut atténuer l'intensité des symptômes et empêcher la réplication du virus. Le champignon Reishi est un traitement naturel populaire contre les infections virales, en particulier les maladies respiratoires telles que le rhume et la grippe. Il existe plusieurs façons de consommer le champignon, notamment sous forme de thé, de comprimé ou de teinture.

Le thé au champignon Reishi peut être préparé en laissant infuser des tranches de champignon Reishi séchées dans de l'eau chaude pendant plusieurs minutes. De plus, les magasins d'aliments naturels et les marchands en ligne vendent des gélules et des teintures. La bronchite et la pneumonie sont deux maladies respiratoires couramment traitées avec de la teinture de champignon Reishi. Vous pouvez soit ingérer la teinture, soit l'inhaler à l'aide d'un vaporisateur.

Bien que les champignons Reishi soient généralement considérés comme sûrs pour la plupart des personnes, il y a quelques précautions à prendre. Certains médicaments, tels que les anticoagulants et les médicaments contre le diabète, peuvent interagir avec les champignons Reishi. Si vous prenez déjà d'autres médicaments ou si vous avez une condition médicale qui nécessite un traitement, vous devriez consulter un professionnel de la santé avant de prendre des compléments à base de champignons Reishi. Certaines personnes, en particulier celles qui sont sensibles à d'autres champignons, peuvent également présenter une réaction indésirable aux champignons Reishi.

Curcuma

En raison de ses caractéristiques anti-inflammatoires et antioxydantes, le curcuma est utilisé depuis des milliers d'années en médecine traditionnelle ayurvédique et chinoise. Ces dernières années, le curcuma a gagné en popularité en tant que remède naturel pour divers problèmes de santé, y compris les infections virales.

Le curcuma, une épice originaire d'Asie du Sud-Est, est utilisé depuis des milliers d'années en médecine traditionnelle. Le curcuma était fréquemment utilisé en médecine ayurvédique traditionnelle pour traiter diverses affections, notamment les infections, les problèmes cutanés et les troubles digestifs. Lorsqu'il était combiné à d'autres herbes telles que le gingembre et la réglisse, le curcuma était souvent utilisé en médecine traditionnelle chinoise pour soulager des affections telles que la douleur et l'inflammation.

De nombreuses vertus médicinales du curcuma qui étaient connues depuis des siècles en médecine traditionnelle ont été prouvées par des études scientifiques récentes. La curcumine, la substance active du curcuma, a démontré des propriétés anti-inflammatoires et antioxydantes.

Une étude publiée dans le Journal of Clinical Immunology a révélé que la curcumine était efficace pour inhiber la réplication du virus de la grippe. Selon l'étude, la molécule était capable de réduire les niveaux viraux dans le corps et d'améliorer la réponse immunitaire.

La curcumine s'est également révélée efficace pour empêcher la réplication du virus de l'hépatite C, selon une autre étude publiée dans le Journal of Medical Virology. Selon l'étude, la substance peut améliorer la fonction hépatique tout en réduisant les niveaux viraux dans le corps. Le plus souvent, les infections virales respiratoires telles que le rhume et la grippe sont traitées naturellement avec du curcuma. Cette épice peut être consommée de plusieurs manières, notamment sous forme de thé, de poudre ou de gélule.

Le thé au curcuma peut être préparé en laissant infuser du curcuma frais ou séché dans de l'eau bouillante pendant plusieurs minutes. Le curcuma en poudre peut être ajouté aux smoothies, aux soupes ou aux curry pour une saveur délicieuse et un apport nutritif. Des gélules de curcuma sont également disponibles à l'achat dans les magasins d'aliments naturels et les boutiques en ligne. Le curcuma peut également être utilisé localement pour traiter les infections cutanées ou réduire l'inflammation dans tout le corps. Vous pouvez appliquer une pâte de curcuma directement sur la peau en mélangeant de la poudre de curcuma avec de l'eau ou de l'huile de coco.

Bien que la plupart des gens considèrent généralement le curcuma comme sûr, il y a plusieurs choses à surveiller. Certains médicaments, tels que les anticoagulants et les médicaments contre le diabète, peuvent interagir avec le curcuma. Si vous prenez déjà d'autres médicaments ou si vous avez une condition médicale, il est essentiel de consulter un médecin avant de prendre des compléments de curcuma. Certaines personnes, en particulier celles qui sont sensibles à d'autres épices ou plantes de la famille du gingembre, peuvent également présenter une réaction allergique au curcuma.

Origan

Populaire en cuisine, l'origan est également apprécié pour ses bienfaits thérapeutiques. Il est originaire de la région méditerranéenne et est utilisé depuis des siècles en médecine traditionnelle pour ses propriétés antimicrobiennes, anti-inflammatoires et antioxydantes.

L'origan est utilisé à des fins thérapeutiques depuis des milliers d'années. Les anciens Grecs et Romains utilisaient l'origan en application topique pour traiter les blessures et les affections cutanées, ainsi qu'en tant que remède naturel contre les problèmes respiratoires et digestifs. L'origan était utilisé en médecine traditionnelle chinoise pour soigner les fièvres et les toux, et en médecine ayurvédique traditionnelle pour traiter les problèmes digestifs et les irrégularités menstruelles.

De nombreuses vertus médicinales de l'origan, connues depuis des années en médecine conventionnelle, ont été confirmées par des études scientifiques récentes. Carvacrol, thymol et acide rosmarinique, qui ont démontré leur action antibactérienne, anti-inflammatoire et antioxydante, ne sont que quelques-unes des substances chimiques présentes dans l'origan.

Une étude publiée dans le Journal of Applied Microbiology a révélé que l'huile d'origan était efficace pour inhiber la croissance de nombreuses souches bactériennes, dont Escherichia coli (E. coli) et Staphylococcus aureus (S. aureus).

Un autre essai clinique publié dans le Journal of Medicinal Food a montré que l'extrait d'origan était efficace pour réduire l'inflammation dans le corps en diminuant les niveaux sanguins d'indicateurs inflammatoires.

L'origan est couramment utilisé comme remède naturel pour les problèmes respiratoires et digestifs. Il existe plusieurs façons de consommer de l'origan, notamment sous forme de tisane, d'huile ou de gélule.

Les feuilles d'origan fraîches ou séchées peuvent être infusées dans de l'eau bouillante pendant plusieurs minutes pour préparer une tisane à base d'origan. L'huile d'origan peut être utilisée en application topique ou consommée sous forme de complément alimentaire, mais elle doit d'abord être diluée avec une huile porteuse, comme l'huile d'olive. De plus, les magasins d'aliments naturels et les boutiques en ligne vendent des gélules d'origan. L'origan peut également être utilisé en application topique pour traiter les affections cutanées ou réduire l'inflammation dans le corps. L'application directe de l'huile d'origan sur la peau est possible lorsqu'elle est mélangée à une huile porteuse.

Bien que l'origan soit généralement considéré comme sûr pour la plupart des personnes, il y a quelques précautions à prendre. Utilisez l'huile d'origan avec prudence car elle peut irriter la peau et les muqueuses. Avant d'appliquer l'huile en application topique, il est important de la diluer avec une huile porteuse.

De plus, l'origan peut interagir avec des médicaments tels que les anticoagulants et les médicaments contre le diabète. Si vous prenez déjà d'autres médicaments ou si vous avez une condition médicale préexistante, il est essentiel de consulter un médecin avant de prendre des compléments d'origan.

Thym

Le thym est une plante polyvalente qui est utilisée pour ses bienfaits médicinaux depuis des siècles. Le thym, membre de la famille des menthes et originaire de la Méditerranée, est apprécié pour ses propriétés antibactériennes, anti-inflammatoires et antioxydantes.

Le thym est utilisé à des fins médicinales depuis très longtemps. Les anciens Égyptiens utilisaient le thym pour l'embaumement, et les anciens Grecs l'utilisaient comme remède maison contre les problèmes d'estomac et de respiration. Le thym était utilisé pour traiter diverses affections en Europe médiévale, notamment l'épilepsie et les maux de gorge. En médecine traditionnelle chinoise, le thym était utilisé pour traiter les problèmes digestifs, et en médecine ayurvédique traditionnelle, il servait à traiter les problèmes respiratoires et à soulager les rhumes et les toux.

De nombreuses vertus médicinales du thym, connues depuis des décennies en médecine conventionnelle, ont été confirmées par des études scientifiques récentes. Le thym contient de nombreuses substances qui ont des activités antibactériennes, anti-inflammatoires et antioxydantes, notamment le thymol, le carvacrol et l'acide rosmarinique.

Une étude publiée dans l'International Journal of Food Microbiology a révélé que l'huile essentielle de thym était efficace pour inhiber la croissance de plusieurs souches de bactéries, dont Escherichia coli (E. coli) et Salmonella enteritidis.

Le thymol a été découvert capable de réduire l'inflammation dans le corps en empêchant la formation de marqueurs inflammatoires spécifiques, selon une autre étude publiée dans le Journal of Lipid Research. Le thym est souvent utilisé comme remède maison pour divers problèmes médicaux, tels que les problèmes digestifs et respiratoires. Le thym peut être consommé sous forme de tisane, d'huile ou de gélule, entre autres.

Les feuilles de thym fraîches ou séchées peuvent être infusées dans de l'eau bouillante pendant plusieurs minutes pour préparer une tisane au thym. L'huile de thym peut être utilisée en application topique ou en complément alimentaire, mais elle doit d'abord être diluée avec une huile porteuse comme l'huile d'olive avant d'être consommée. De plus, les magasins d'aliments naturels et les boutiques en ligne vendent des gélules de thym. Le thym peut également être utilisé en application topique pour traiter les infections cutanées ou réduire l'inflammation dans le corps. L'huile de thym peut être appliquée directement sur la peau lorsqu'elle est mélangée à une huile porteuse.

Bien que le thym soit généralement considéré comme sûr pour la plupart des personnes, il y a quelques précautions à prendre. L'huile de thym ne doit être utilisée qu'avec parcimonie car elle peut irriter la peau et les muqueuses. Avant d'appliquer l'huile en application topique, il est important de la diluer avec une huile porteuse. De plus, il peut y avoir des interactions entre le thym et certains médicaments, tels que les anticoagulants et les médicaments contre le diabète. Si vous prenez déjà d'autres médicaments ou si vous avez une condition médicale préexistante, il est essentiel de consulter un médecin avant de prendre des compléments de thym.

Sauge

La sauge est une plante vivace qui est utilisée pour ses bienfaits médicinaux depuis de nombreuses années. La sauge, membre de la famille des menthes et originaire de la Méditerranée, est appréciée pour ses propriétés antibactériennes, anti-inflammatoires et antioxydantes.

La sauge est utilisée en médecine traditionnelle depuis très longtemps, même dans l'ancienne Grèce et à Rome. Les anciens Grecs utilisaient la sauge pour traiter diverses affections, notamment les problèmes gastro-intestinaux et les maux de gorge. Les anciens Romains utilisaient la sauge pour améliorer la cognition et la mémoire, et elle était également vénérée comme un signe de sagesse et de longévité. En médecine traditionnelle chinoise, la sauge était utilisée comme remède naturel contre les rhumes et la grippe, ainsi que pour traiter les problèmes d'estomac. En médecine ayurvédique traditionnelle, la sauge était traditionnellement utilisée comme remède naturel contre la toux, les maux de gorge et les affections respiratoires.

De nombreuses vertus médicinales de la sauge, connues depuis longtemps en médecine conventionnelle, ont été confirmées par des études scientifiques récentes. L'acide rosmarinique, la thuyone et l'acide ursolique, entre autres substances abondantes dans la sauge, ont des propriétés antioxydantes, antibactériennes et anti-inflammatoires.

Une étude publiée dans le Journal of Alternative and Complementary Medicine a révélé que la sauge était efficace pour réduire la gravité des bouffées de chaleur chez les femmes ménopausées. En empêchant la formation de marqueurs inflammatoires spécifiques, la sauge contribue à réduire l'inflammation dans le corps, selon une autre étude publiée dans le Journal of Ethnopharmacology. La sauge est souvent utilisée comme remède naturel pour traiter divers problèmes de santé, tels que les problèmes digestifs et respiratoires, les bouffées de chaleur et les fonctions cérébrales. La sauge peut être consommée sous forme de tisane, d'huile ou de gélule, entre autres.

Les feuilles de sauge fraîches ou séchées peuvent être infusées dans de l'eau bouillante pendant plusieurs minutes pour préparer une tisane à la sauge. L'huile de sauge peut être utilisée en application topique ou comme complément alimentaire, mais elle doit d'abord être diluée avec une huile porteuse comme l'huile d'olive avant d'être consommée. De plus, les magasins d'aliments naturels et les vendeurs en ligne vendent des gélules de sauge. La sauge peut également être utilisée en application topique pour traiter les infections cutanées ou réduire l'inflammation dans le corps. L'huile de sauge peut être appliquée directement sur la peau en la mélangeant avec une huile porteuse.

La sauge est généralement considérée comme sans danger pour la plupart des personnes, mais il y a quelques précautions à prendre. L'huile de sauge ne doit être utilisée qu'avec prudence car elle peut irriter la peau et les muqueuses. Avant d'appliquer l'huile en application topique, il est important de la diluer avec une huile porteuse. De plus, certains médicaments, tels que les anticoagulants et les médicaments contre le diabète, peuvent interagir avec la sauge. Si vous prenez déjà d'autres médicaments ou si vous avez un problème de santé préexistant, il est essentiel de consulter un médecin avant de prendre des compléments de sauge.

Menthe poivrée

La plante populaire de la menthe poivrée est appréciée pour ses qualités rafraîchissantes et revigorantes. Originaire d'Europe et d'Asie, elle est un hybride entre la menthe verte et la menthe aquatique. La menthe poivrée est utilisée depuis des siècles pour ses propriétés médicinales et est couramment utilisée comme arôme dans les aliments, les boissons et les produits d'hygiène buccale.

Depuis l'Antiquité, la menthe poivrée est utilisée pour ses bienfaits thérapeutiques. Les Égyptiens, les Grecs et les Romains utilisaient couramment la menthe poivrée en tant que remède à base de plantes pour les problèmes respiratoires, les maux de tête et les troubles digestifs. La médecine traditionnelle chinoise utilisait la menthe poivrée pour soulager les nausées, les vomissements et d'autres problèmes digestifs. La culture de la menthe poivrée a commencé en Angleterre au milieu du XVIIIe siècle et a été rapidement introduite en Amérique. Elle a rapidement gagné en popularité pour son goût et ses bienfaits thérapeutiques, et elle est largement utilisée aux États-Unis depuis lors.

De nombreux bienfaits de la menthe poivrée connus depuis des millénaires en médecine conventionnelle ont été confirmés par des études scientifiques récentes. La menthe poivrée contient des composés tels que le menthol, la menthone et l'acide rosmarinique, qui ont des propriétés anti-inflammatoires, antimicrobiennes et analgésiques.

Selon une étude publiée dans le Journal of Gastroenterology, l'huile essentielle de menthe poivrée peut efficacement réduire les ballonnements, les gaz et les douleurs associés au syndrome de l'intestin irritable (SII). Une autre étude a révélé que l'huile essentielle de menthe poivrée aidait les patients sous chimiothérapie à se sentir moins nauséeux et étourdis (Journal of Clinical Pharmacy and Therapeutics). La menthe poivrée, en tant que remède naturel, est fréquemment utilisée pour les problèmes respiratoires, les maux de tête et les problèmes digestifs. Il existe de nombreuses façons de consommer de la menthe poivrée, notamment en infusion, en huile ou en gélule.

Les feuilles de menthe poivrée fraîches ou séchées peuvent être infusées dans de l'eau bouillante pendant plusieurs minutes pour préparer une infusion de menthe poivrée. L'huile essentielle de menthe poivrée peut être consommée ou ajoutée aux aliments, mais elle doit d'abord être diluée avec une huile porteuse, comme l'huile d'olive, avant d'être utilisée topiquement. Des gélules de menthe poivrée sont également disponibles à l'achat dans les magasins d'aliments naturels et auprès de détaillants en ligne. De plus, l'huile essentielle de menthe poivrée peut être appliquée localement pour traiter l'inflammation et la douleur. Une application directe de l'huile essentielle de menthe poivrée sur la peau est possible en la mélangeant avec une huile porteuse.

Bien que la plupart des gens considèrent généralement la menthe poivrée comme inoffensive, il y a quelques précautions à prendre. Utilisez l'huile essentielle de menthe poivrée avec précaution car elle peut irriter la peau et les muqueuses. Avant d'appliquer l'huile localement, il est essentiel de la diluer avec une huile porteuse.

Certains médicaments, tels que les anticoagulants et les médicaments contre le diabète, peuvent interagir avec la menthe poivrée. Si vous prenez d'autres médicaments ou si vous avez une affection médicale préexistante, vous devez consulter un médecin avant de prendre des compléments de menthe poivrée.

Chapitre IV

Comment utiliser les antiviraux à base de plantes

Formulations d'antiviraux à base de plantes

Les préparations antivirales à base de plantes, appelées médicaments naturels, sont utilisées depuis des générations pour traiter et prévenir les infections virales. Ces formulations sont généralement composées d'un mélange de différentes herbes, chacune ayant ses propres propriétés médicinales uniques. Cette section examinera certaines des compositions antivirales à base de plantes les plus populaires et leurs utilisations, bases scientifiques et développement historique.

La médecine traditionnelle a utilisé des préparations antivirales à base de plantes depuis des siècles pour traiter et prévenir les infections virales. Pour leurs effets antiviraux, des herbes telles que la basilic sacré, la réglisse et le gingembre ont été combinées et utilisées en thérapie ayurvédique, par exemple. De manière similaire, la médecine traditionnelle chinoise a utilisé diverses herbes pour traiter les maladies virales telles que la grippe, notamment le chèvrefeuille, la forsythia et la casquette.

De nombreuses avantages pour la santé des compositions antivirales à base de plantes, connues depuis des générations en médecine traditionnelle, ont été confirmées par des recherches scientifiques récentes. De nombreuses herbes utilisées dans ces formulations ont démontré des activités antivirales, anti-inflammatoires et immunomodulatrices.

Une étude publiée dans le Journal of Ethnopharmacology a découvert qu'une combinaison d'herbes telles que le gingembre, la réglisse et la menthe poivrée était efficace pour réduire les symptômes des infections virales respiratoires telles que le rhume. L'échinacée, le sureau et l'astragale se sont révélés efficaces ensemble dans une autre étude publiée dans le Journal of Medicinal Plants Research pour renforcer le système immunitaire et réduire la durée des infections virales.

Voici quelques-unes des préparations antivirales à base de plantes les plus populaires et leurs avantages potentiels pour la santé :

Le sirop de sureau, préparé à partir des fruits du sureau, est fréquemment utilisé pour traiter et prévenir les rhumes et la grippe. Selon les recherches, les sureaux ont des caractéristiques antivirales qui peuvent aider à réduire la durée et la gravité des infections virales.

Herbe populaire, l'échinacée est fréquemment utilisée pour renforcer le système immunitaire et traiter et prévenir les infections respiratoires. Il a été démontré que l'échinacée possède des propriétés antivirales et peut être efficace pour réduire la durée et la gravité des infections virales.

Une herbe puissante qui est fréquemment utilisée pour à la fois traiter et prévenir les infections virales est la racine de réglisse. Il a été démontré que la racine de réglisse possède des qualités antivirales, qui peuvent aider à réduire la gravité des symptômes de maladies virales telles que les rhumes et la grippe.

Le gingembre et le miel sont fréquemment utilisés pour à la fois traiter et prévenir les maladies respiratoires telles que le rhume. Le miel contient des propriétés antibactériennes et immunitaires, tandis que le gingembre a été démontré comme ayant des caractéristiques antivirales et anti-inflammatoires.

Les remèdes naturels comme l'extrait de feuille d'olivier sont fréquemment utilisés pour renforcer le système immunitaire et prévenir les maladies virales. Il a été démontré que l'extrait de feuille d'olivier possède des caractéristiques antivirales, qui peuvent contribuer à réduire la durée et la gravité des infections virales.

Pour traiter et prévenir les infections virales, la médecine traditionnelle chinoise utilise fréquemment l'herbe appelée andrographis. Il a été démontré que l'andrographis possède des propriétés antivirales et peut être efficace pour réduire la gravité des symptômes des infections virales telles que les rhumes et la grippe.

La médecine traditionnelle chinoise utilise fréquemment l'astragale pour renforcer le système immunitaire et traiter et prévenir les maladies virales. Il a été démontré que l'astragale possède des effets antiviraux et immunomodulateurs, ce qui peut contribuer à réduire l'intensité et la durée des infections virales.

L'herbe connue sous le nom de griffe de chat est fréquemment utilisée pour renforcer le système immunitaire et traiter les maladies virales telles que le zona et l'herpès. Il a été démontré que la griffe de chat contient des propriétés antivirales et peut être utile pour réduire l'intensité et la durée des infections virales.

L'herbe puissante qu'est l'ail est fréquemment utilisée pour à la fois traiter et prévenir les infections virales. Il a été démontré que l'ail possède des propriétés antivirales et peut être efficace pour réduire la gravité et la durée des infections virales telles que les rhumes et la grippe.

Des herbes comme la millepertuis sont fréquemment utilisées pour à la fois traiter et prévenir les maladies virales telles que le zona et l'herpès. Il a été démontré que la millepertuis possède des effets antiviraux et peut être utile pour réduire l'intensité et la durée des infections virales.

L'herbe populaire du curcuma est fréquemment utilisée pour traiter et prévenir les infections virales. Il a été démontré que le curcuma possède des effets antiviraux et anti-inflammatoires, ce qui peut contribuer à réduire la gravité et la persistance des infections virales.

L'huile d'origan, une thérapie naturelle populaire pour le traitement et la prévention des infections virales, a démontré des propriétés antivirales qui pourraient contribuer à réduire la gravité et la durée des maladies virales telles que les rhumes et la grippe.

Une herbe appelée thym est fréquemment utilisée pour traiter et prévenir les maladies respiratoires telles que le rhume. Le thym a montré des propriétés antivirales et anti-inflammatoires, qui pourraient être efficaces pour réduire la gravité et la durée des infections virales.

Une plante appelée sauge est fréquemment utilisée pour aider à guérir et prévenir les infections virales. La sauge pourrait être utile pour réduire l'intensité et la durée des infections virales telles que les rhumes et la grippe, car elle a démontré des propriétés antivirales.

L'herbe de menthe poivrée est fréquemment utilisée pour traiter et prévenir les maladies respiratoires telles que le rhume. Selon des études, la menthe poivrée possède des propriétés antivirales, anti-inflammatoires et analgésiques qui pourraient contribuer à réduire l'intensité et la durée des infections virales.

Dosages et préparations

Il est essentiel de faire attention aux doses et aux préparations lors de l'utilisation d'antiviraux naturels. Bien que les herbes puissent être un traitement utile pour les infections virales et le soutien du système immunitaire, les utiliser de manière incorrecte peut les rendre inefficaces, voire dangereuses. Voici quelques points importants à prendre en compte avant d'utiliser des antiviraux à base de plantes.

La posologie des herbes peut varier considérablement en fonction de la plante et de la préparation exacte. Avant d'utiliser des médicaments à base de plantes, il est essentiel de consulter un professionnel de la santé qualifié pour vous assurer de le faire en toute sécurité et efficacité.

Certaines herbes peuvent être nocives lorsqu'elles sont consommées en doses excessives ou pendant de longues périodes. Par exemple, une utilisation excessive de la réglisse peut entraîner une carence en potassium et une hypertension artérielle, tandis qu'une utilisation excessive du millepertuis peut rendre la peau plus sensible au soleil. Les dosages d'herbes doivent toujours être pris conformément aux indications fournies.

Les herbes peuvent être préparées de différentes manières, notamment sous forme de tisanes, de teintures, de gélules et de poudres. Chaque technique de préparation présente ses propres avantages et inconvénients.

Une manière populaire et pratique d'ingérer des herbes est par le biais de tisanes à base de plantes. L'herbe est généralement trempée dans de l'eau bouillante pendant un certain temps pour former une tisane, qui est ensuite bue. Cette méthode est avantageuse pour les plantes au goût agréable, comme la menthe poivrée ou le gingembre, qui peuvent être utilisées pour renforcer le système immunitaire ou soulager les symptômes des maladies respiratoires.

Les herbes sont trempées dans de l'alcool ou de la glycérine pour créer des teintures, qui sont des extraits liquides concentrés de la plante. Les herbes peuvent être consommées sous forme de teintures, qui sont portables et peuvent être mélangées avec du jus ou de l'eau. Les teintures sont une excellente option pour les herbes qui nécessitent un dosage plus élevé pour être efficaces que les tisanes, car elles peuvent être plus puissantes que les tisanes.

Les gélules sont un moyen pratique de prendre des herbes, en particulier si l'herbe a un goût amer ou désagréable. L'herbe est généralement réduite en poudre, puis introduite dans une gélule en gélatine ou végétalienne après le processus de fabrication des gélules. Pour les herbes qui nécessitent un dosage plus élevé, ou pour les personnes qui n'aiment pas le goût des tisanes à base de plantes ou des teintures, les gélules pourraient être une option viable comme méthode de livraison alternative.

Les poudres à base de plantes sont similaires aux gélules en ce que l'herbe est réduite en poudre fine avant d'être conditionnée, mais contrairement aux gélules, les poudres à base de plantes sont souvent consommées directement en mélangeant la poudre avec un liquide tel que de l'eau ou du jus de fruits. Les herbes difficiles à trouver sous d'autres formes, comme la poudre de champignon reishi, peuvent être consommées de manière plus pratique en les réduisant en poudre.

Lorsque vous décidez comment préparer une herbe, il est essentiel de prendre en compte à la fois la plante et la fonction que le produit fini servira. Certaines préparations à base de plantes peuvent fonctionner mieux lorsqu'elles sont prises sous une forme particulière, tandis que d'autres peuvent nécessiter des quantités plus importantes pour être efficaces dans ces préparations.

Comment administrer les antiviraux à base de plantes

Dans certains cas, renforcer le système immunitaire et traiter les infections virales à l'aide d'antiviraux à base de plantes peut être accompli de manière à la fois sans danger et efficace. Cependant, il est essentiel d'administrer ces traitements conformément aux protocoles appropriés afin de garantir à la fois leur efficacité et leur sécurité. Voici quelques considérations importantes lors de l'administration d'antiviraux à base de plantes :

Il est essentiel de consulter un professionnel de la santé expérimenté, tel qu'un médecin naturopathe ou un herboriste, avant d'administrer des remèdes à base de plantes ayant des propriétés antivirales. Ces experts seront en mesure de vous guider dans le choix des herbes appropriées et des dosages en fonction de vos besoins de santé uniques, ainsi que de tout autre médicament ou complément que vous pourriez prendre à ce moment-là.

Comme mentionné précédemment, la posologie et la préparation appropriées peuvent être très différentes en fonction de la plante utilisée et de la préparation spécifique. Pour tirer le meilleur parti de vos herbes tout en minimisant les risques d'effets indésirables, il est essentiel de suivre les instructions de dosage et de préparation fournies par le fabricant.

Lorsqu'ils sont pris correctement, les antiviraux à base de plantes sont généralement considérés comme sans danger ; cependant, certaines herbes peuvent provoquer des réactions indésirables. Il est important de surveiller toute réaction indésirable lors de l'administration d'antiviraux à base de plantes et d'interrompre leur utilisation en cas d'effets secondaires.

Les remèdes à base de plantes agissent souvent lentement, il peut donc s'écouler plusieurs jours ou semaines avant de constater une amélioration des symptômes. Pour garantir l'efficacité des antiviraux à base de plantes, il est essentiel de faire preuve de patience et de maintenir un calendrier de dosage constant lors de leur administration.

Une approche de traitement intégrative des infections virales peut bénéficier de l'utilisation d'antiviraux à base de plantes en tant qu'élément utile. Cependant, il est essentiel de prendre en compte la possibilité de les utiliser en combinaison avec d'autres traitements, tels que le repos et l'hydratation adéquats, et, si nécessaire, des médicaments conventionnels.

Il est essentiel de choisir des antiviraux à base de plantes de bonne qualité provenant de sources fiables lors de l'achat de ces remèdes. Évitez les produits contenant des charges ou des additifs, et recherchez des produits ayant fait l'objet de tests pour garantir leur pureté et leur efficacité.

Comme mentionné précédemment, les herbes peuvent être transformées en différentes préparations, telles que des tisanes, des teintures, des gélules et des poudres, entre autres. Tenez compte de la forme de l'herbe lors de son administration et choisissez une forme la plus pratique et la plus efficace pour l'herbe spécifique et son utilisation prévue.

En conclusion, l'utilisation d'antiviraux à base de plantes pour traiter les infections virales peut être une stratégie sûre et efficace pour soutenir le système immunitaire. Cependant, il est essentiel de consulter un professionnel de la santé qualifié, de suivre les dosages et les préparations recommandés, de surveiller les effets indésirables, de faire preuve de patience, de prendre en compte la combinaison avec d'autres traitements, de choisir des produits de haute qualité et de tenir compte de la forme de l'herbe lors de son administration. Les antiviraux à base de plantes peuvent être un outil utile pour maintenir une santé optimale lorsqu'ils sont utilisés conformément aux recommandations.

Combinaison d'antiviraux à base de plantes avec d'autres médicaments

L'utilisation d'antiviraux à base de plantes en conjonction avec d'autres médicaments peut être une manière sûre et efficace de traiter les infections virales et de soutenir le système immunitaire. Cependant, il est essentiel de le faire correctement. Voici quelques points importants à garder à l'esprit lors de l'utilisation d'antiviraux à base de plantes avec d'autres médicaments :

Avant de combiner des antiviraux à base de plantes avec d'autres médicaments, il est important de consulter un professionnel de la santé qualifié, tel qu'un médecin naturopathe ou un herboriste. Ces experts peuvent vous aider à choisir les herbes et les dosages adaptés à vos besoins médicaux individuels, ainsi qu'à tout autre médicament sur ordonnance ou complément alimentaire que vous pourriez prendre.

Les effets de certaines herbes peuvent être renforcés ou diminués par d'autres médicaments. Par exemple, la racine de réglisse peut augmenter les effets de certains médicaments contre l'hypertension, tandis que la millepertuis peut interagir avec plusieurs antidépresseurs. Avant de prendre des antiviraux à base de plantes avec d'autres médicaments, il est essentiel de reconnaître ces interactions potentielles.

Comme tout médicament, les antiviraux à base de plantes peuvent avoir des effets indésirables. Lorsque vous mélangez des herbes avec d'autres médicaments, il est essentiel de connaître les effets secondaires potentiels de chacun d'entre eux et de surveiller toute réaction négative.

Les dosages peuvent varier considérablement en fonction de la plante et de la préparation individuelle. Il est important de suivre les dosages recommandés pour chaque plante, ainsi que les dosages recommandés par votre professionnel de la santé pour les autres médicaments.

Il est essentiel de laisser à chaque médicament le temps de s'absorber et de commencer à agir avant de mélanger des antiviraux à base de plantes avec d'autres médicaments. Il est vital de bien espacer le moment de chaque médicament, car certaines herbes peuvent nécessiter des temps d'absorption plus longs que d'autres.

Comme mentionné précédemment, les herbes peuvent être préparées de différentes manières, telles que les tisanes, les teintures, les gélules et les poudres. Lorsque vous mélangez une plante avec d'autres médicaments, tenez compte de la forme de la plante et choisissez la forme la plus pratique et la plus efficace pour l'usage prévu de la plante.

Il est essentiel de surveiller l'efficacité lorsque vous utilisez des antiviraux naturels en combinaison avec d'autres médicaments. Si vous ne constatez pas d'amélioration de vos symptômes ou de votre santé générale, il peut être nécessaire d'ajuster les dosages ou de passer à une autre combinaison d'herbes et de médicaments.

En résumé, combiner des antiviraux à base de plantes avec d'autres médicaments peut être une manière sûre et efficace de soutenir le système immunitaire et de traiter les infections virales. Cependant, il est essentiel de demander l'avis d'un professionnel de la santé agréé, de connaître les interactions et les effets secondaires potentiels, de respecter les dosages prescrits, de laisser à la plante le temps de s'absorber, de prendre en compte sa forme et de vérifier son efficacité. Les antiviraux à base de plantes peuvent être un complément bénéfique à un traitement complet des infections virales grâce à une utilisation et à une surveillance attentives.

Comment choisir et trouver des herbes de qualité

Lorsque vous sélectionnez et achetez des herbes de qualité pour leurs bienfaits médicinaux, prenez des précautions spécifiques pour vous assurer d'obtenir des produits les plus puissants et les plus sûrs. Lorsque vous choisissez et achetez des herbes de haute qualité, gardez à l'esprit les éléments suivants :

Les herbes peuvent être exemptes de pesticides, d'herbicides et d'organismes génétiquement modifiés si elles sont certifiées biologiques et non-OGM. Recherchez des produits certifiés par des organisations réputées, telles que le Département de l'Agriculture des États-Unis (USDA) ou le Projet Non-OGM.

Lors de l'achat d'herbes, il est essentiel de choisir des fournisseurs fiables qui mettent l'accent sur la transparence et la qualité de leurs produits. Recherchez des entreprises qui sont transparentes quant à leurs procédures de fabrication et d'approvisionnement, ainsi que quant aux résultats de tests indépendants de pureté et de puissance.

Différentes parties de la plante peuvent avoir différentes qualités thérapeutiques et applications. Par exemple, la racine d'une plante peut être plus puissante que ses feuilles ou ses fleurs. Tenez compte de la partie de la plante la mieux adaptée à l'objectif que vous avez en tête.

Les herbes peuvent expirer et perdre leur efficacité au fil du temps, tout comme tout autre produit. Avant d'utiliser les herbes que vous achetez, assurez-vous de vérifier la date d'expiration.

Les herbes peuvent être préparées sous forme de tisanes, de teintures, de gélules, de poudres, entre autres préparations. Tenez compte du format qui convient le mieux à vos besoins et à vos goûts.

Les normes de fabrication et de culture des herbes peuvent différer d'un pays à l'autre. Tenez compte du pays d'origine lorsque vous choisissez des herbes, et recherchez des produits en provenance de pays ayant des normes de qualité et de sécurité élevées.

Certaines herbes peuvent contenir des allergènes, tels que le pollen ou le latex. Vérifiez la liste des ingrédients de tous les produits à base d'herbes que vous achetez si vous avez connaissance d'allergies éventuelles, et évitez tout produit contenant des allergènes connus.

La récolte non durable des herbes peut entraîner la perte de biodiversité et la détérioration de l'environnement. Il est conseillé de choisir des herbes cultivées de manière durable ou respectueuse de l'environnement.

En conclusion, la sélection et l'achat d'herbes de haute qualité nécessitent une réflexion attentive sur de nombreux facteurs, notamment la certification biologique, les sources fiables, les parties de la plante, les dates d'expiration, la forme, le pays d'origine, les allergies et la durabilité. En suivant ces mesures, vous pouvez contribuer à garantir que les herbes que vous utilisez sont sûres, efficaces et durables.

Chapitre V

Utilisation des antiviraux à base de plantes pour des affections spécifiques

Rhume et grippe

Chaque année, des millions de personnes souffrent des maux courants du rhume et de la grippe. Bien que les médicaments en vente libre puissent offrir un certain soulagement, ils s'accompagnent souvent d'effets secondaires indésirables. Pour le traitement naturel et sûr des symptômes du rhume et de la grippe, tournez-vous vers les antiviraux à base de plantes. Les avantages et les préoccupations en matière de sécurité liés à l'utilisation d'antiviraux à base de plantes pour le rhume et la grippe seront abordés dans cet essai.

Éviter le début du rhume et de la grippe est l'une des meilleures utilisations des antiviraux à base de plantes pour ces maladies. L'échinacée, le sureau et l'astragale sont quelques herbes qui peuvent renforcer le système immunitaire et réduire vos chances de contracter la grippe ou le rhume. Une herbe bien connue appelée échinacée est utilisée depuis des générations à la fois pour prévenir et traiter les rhumes et la grippe. Elle agit en renforçant les systèmes de défense naturels du corps et en stimulant le système immunitaire. Une autre herbe qui s'est révélée efficace pour prévenir et traiter les rhumes et la grippe est le sureau. Il contient des composés qui inhibent la réplication des virus et renforcent le système immunitaire. L'astragale est une plante adaptogène utilisée depuis des générations en médecine traditionnelle chinoise pour renforcer l'immunité et prévenir les maladies.

Les antiviraux à base de plantes peuvent aider à soulager les symptômes du rhume ou de la grippe lorsqu'ils se manifestent. Des herbes comme la racine de réglisse, le gingembre et l'ail peuvent soulager la toux, la congestion et d'autres symptômes en réduisant l'inflammation. Le gingembre, anti-inflammatoire naturel, peut aider à réduire l'inflammation des voies respiratoires et à soulager des symptômes tels que la toux et la congestion. Les fortes propriétés antibactériennes de l'ail peuvent aider à lutter contre les bactéries et les virus responsables du rhume et de la grippe. La racine de réglisse contient des substances qui ont démontré leur capacité à réduire le gonflement et à soulager les maux de gorge.

Selon l'herbe particulière et l'application prévue, les antiviraux à base de plantes peuvent nécessiter différentes doses et préparations. Suivez attentivement les doses recommandées et les techniques de préparation, et si vous avez des préoccupations, parlez-en à un professionnel de la santé agréé. Par exemple, le sureau peut être pris sous forme de sirop, de teinture ou de gélule, selon le produit spécifique. Il est essentiel de choisir un produit dont les principes actifs ont été normalisés et de prendre la dose indiquée sur l'étiquette.

Les antiviraux à base de plantes peuvent être utilisés en combinaison avec d'autres thérapies, tels que les médicaments en vente libre, pour offrir un soulagement complet des symptômes. Pour garantir la sécurité et l'efficacité, il est essentiel de consulter un professionnel de la santé avant de combiner des herbes avec d'autres médicaments. Par exemple, certaines herbes peuvent ne pas convenir à certaines populations, telles que les femmes enceintes ou allaitantes, ou elles peuvent interagir avec des médicaments ou avoir des effets indésirables.

Le timing est essentiel lors de l'utilisation d'antiviraux naturels pour le rhume et la grippe. Certaines herbes, comme le sureau, sont plus efficaces lorsqu'elles sont prises dès l'apparition des symptômes, tandis que d'autres, comme l'ail, peuvent être utilisées pendant toute la durée de la maladie. Il est important de suivre le calendrier et la durée d'utilisation recommandés pour chaque herbe afin d'assurer une efficacité maximale et une sécurité.

Les antiviraux à base de plantes doivent être stockés correctement pour préserver leur efficacité et leur sécurité. Les herbes doivent être conservées dans un endroit frais, sec et à l'abri de la lumière et de l'humidité. En faisant cela, vous réduirez le risque de contamination et empêcherez la détérioration des composants actifs.

Les antiviraux à base de plantes peuvent être à la fois sûrs et efficaces, mais il est essentiel de les utiliser de manière responsable et sous la supervision d'un médecin. Certaines plantes peuvent ne pas être sûres pour certains groupes, notamment les femmes enceintes ou allaitantes, et certaines herbes peuvent interagir avec des médicaments ou avoir des effets indésirables. Par exemple, certaines herbes peuvent aggraver certaines conditions médicales ou déclencher des réactions allergiques chez certaines personnes. Il est crucial de mener des recherches approfondies, de choisir des herbes de haute qualité auprès de fournisseurs fiables, et de toujours suivre les doses et les mesures de sécurité recommandées.

En conclusion, les antiviraux à base de plantes peuvent être une alternative sûre et efficace pour prévenir et traiter les symptômes du rhume et de la grippe. Des herbes telles que l'échinacée, le sureau, le gingembre et l'ail peuvent renforcer le système immunitaire, réduire l'inflammation et soulager les symptômes tout en favorisant la santé générale. Pour garantir leur sécurité et leur efficacité, il est essentiel de les utiliser avec prudence et sous la supervision d'un professionnel de la santé agréé. Les antiviraux à base de plantes peuvent être un complément utile à tout régime de soins de santé naturels en suivant les doses et les techniques de préparation recommandées, en choisissant des herbes de haute qualité auprès de sources fiables, et en étant conscient des effets secondaires et des interactions potentielles.

Herpès

Des millions de personnes à travers le monde souffrent de l'infection virale répandue connue sous le nom d'herpès. Les traitements conventionnels ont souvent des effets indésirables même s'ils peuvent aider à gérer les symptômes. Pour prévenir et traiter les poussées d'herpès, les antiviraux à base de plantes offrent une option saine et sécurisée. Les avantages et les problèmes de sécurité liés à l'utilisation d'antiviraux à base de plantes pour l'herpès sont abordés dans cette section.

L'herpès a été traité avec des remèdes à base de plantes en médecine traditionnelle depuis des siècles. Les remèdes à base de plantes traditionnels pour l'herpès comprennent la mélisse, le millepertuis, la racine de réglisse et l'échinacée. Les propriétés antivirales de ces herbes ont été démontrées pour aider à réduire l'intensité et la durée des poussées d'herpès.

La mélisse, une plante populaire, est utilisée depuis des générations pour traiter une grande variété de problèmes, y compris l'herpès. La mélisse possède des propriétés antivirales qui ont été prouvées pour aider à réduire la fréquence et la gravité des poussées d'herpès. La mélisse peut être consommée par voie orale sous forme de thé ou de complément alimentaire ou appliquée localement sous forme de crème ou de pommade.

Une autre plante qui a été utilisée pour traiter l'herpès en médecine traditionnelle est le millepertuis. Selon la recherche, il contient des substances ayant une activité antivirale et anti-inflammatoire. Le millepertuis peut être utilisé localement sous forme d'huile ou de crème, ou pris par voie orale sous forme de complément alimentaire.

La racine de réglisse est une plante puissante utilisée depuis des siècles pour traiter diverses affections, dont l'herpès. Il existe des substances dans la racine de réglisse qui ont été prouvées pour leur action antivirale et anti-inflammatoire. Elle peut être utilisée localement sous forme de crème ou de pommade, ou consommée par voie orale sous forme de thé ou de complément alimentaire.

L'échinacée, une plante populaire, est utilisée depuis de nombreuses années pour traiter divers maux, dont l'herpès. Selon la recherche, elle contient des substances ayant des caractéristiques antivirales et immunostimulantes. L'échinacée peut être utilisée localement sous forme de crème ou de pommade, ou prise par voie orale sous forme de complément alimentaire.

Selon l'herbe spécifique et l'application prévue, différents antiviraux à base de plantes peuvent nécessiter différentes doses et préparations. Suivez attentivement les doses recommandées et les techniques de préparation, et si vous avez des préoccupations, parlez-en à un professionnel de la santé agréé. Par exemple, la mélisse peut être prise sous forme de thé ou de complément alimentaire, ou appliquée localement sous forme de crème ou de pommade. Il est essentiel de choisir un produit dont les principes actifs ont été normalisés et de prendre la dose spécifiée sur l'étiquette.

Les antiviraux à base de plantes peuvent être utilisés en combinaison avec d'autres thérapies, comme des médicaments antiviraux, pour offrir un soulagement complet des symptômes. Pour garantir la sécurité et l'efficacité, il est essentiel de consulter un professionnel de la santé avant de combiner des herbes avec d'autres médicaments. Certaines plantes peuvent ne pas être sûres pour certains groupes, notamment les femmes enceintes ou allaitantes, et certaines herbes peuvent interagir avec des médicaments ou avoir des effets indésirables.

Les antiviraux à base de plantes peuvent être à la fois sûrs et efficaces, mais il est crucial de les utiliser de manière responsable et sous la supervision d'un médecin. Certaines plantes peuvent ne pas être sûres pour certains groupes, notamment les femmes enceintes ou allaitantes, et certaines herbes peuvent interagir avec des médicaments ou avoir des effets indésirables. Par exemple, la racine de réglisse peut augmenter la pression artérielle chez certaines personnes et doit être utilisée avec prudence ou évitée par les personnes souffrant d'hypertension.

En fin de compte, les antiviraux à base de plantes peuvent être une alternative sûre et efficace pour traiter et prévenir les poussées d'herpès. Des herbes telles que la mélisse, le millepertuis, la racine de réglisse et l'échinacée peuvent contribuer à promouvoir la santé et le bien-être général en réduisant l'intensité et la durée des poussées. Pour garantir leur sécurité et leur efficacité, il est essentiel de les utiliser avec prudence et sous la supervision d'un professionnel de la santé agréé. Les antiviraux à base de plantes peuvent être un complément utile à tout régime de soins de santé naturels en suivant les doses et les techniques de préparation recommandées, en choisissant des herbes de haute qualité auprès de sources fiables, et en étant conscient des effets secondaires et des interactions potentielles.

VIH

Un virus appelé le VIH, également connu sous le nom de virus de l'immunodéficience humaine, attaque le système immunitaire et peut provoquer le sida. Bien qu'il n'existe pas de remède connu pour le

VIH, la thérapie antirétrovirale (TAR) peut aider les personnes à gérer leurs symptômes et à empêcher que le virus ne progresse vers le sida. Cependant, les antiviraux à base de plantes peuvent fournir un soutien supplémentaire au système immunitaire et atténuer les effets négatifs de la TAR.

La racine de réglisse est une herbe dont les possibles effets antiviraux sur le VIH ont été étudiés. La glycyrrhizine, une substance présente dans la racine de réglisse, a démontré des effets antiviraux contre le VIH. La racine de réglisse peut également aider à réduire le stress oxydatif et l'inflammation, deux problèmes qui peuvent être exacerbés chez les personnes séropositives au VIH.

L'échinacée est une autre plante qui a été étudiée pour ses avantages possibles chez les personnes atteintes du VIH. Il a été démontré que l'échinacée a des effets immunomodulateurs, ce qui signifie qu'elle peut aider à réguler le système immunitaire. L'échinacée peut également réduire le stress oxydatif et l'inflammation, deux problèmes qui peuvent être aggravés chez les personnes séropositives au VIH.

Une autre plante qui pourrait être utile pour les personnes atteintes du VIH est l'astragale. L'astragale a montré des effets immunomodulateurs et peut aider à réduire l'inflammation et le stress oxydatif. L'astragale peut également aider à stimuler l'énergie et à réduire la fatigue, deux effets secondaires supplémentaires de la TAR qui peuvent être courants.

Une autre herbe qui pourrait être utile pour les personnes atteintes du VIH est le chardon-Marie. La silymarine, une substance qui a des propriétés antioxydantes et anti-inflammatoires, est un composant du chardon-Marie. De plus, le chardon-Marie peut aider à protéger le foie, ce qui est bénéfique pour les personnes sous TAR.

Il est important de rappeler que bien que ces herbes puissent aider les personnes atteintes du VIH, elles ne doivent pas être utilisées à la place de la TAR. La TAR est le traitement recommandé pour le VIH et est essentielle pour contrôler le virus et empêcher sa progression vers le sida. Les thérapies à base de plantes doivent être utilisées en complément de la TAR et sous la supervision d'un professionnel de la santé compétent.

De plus, il est essentiel de choisir des herbes de haute qualité auprès de fournisseurs fiables et de suivre les dosages et les techniques de préparation recommandés. Avant de commencer toute thérapie à base de plantes, il est important de discuter de son utilisation avec un professionnel de la santé, car les herbes peuvent interagir avec certains médicaments.

En conclusion, en renforçant le système immunitaire et en réduisant l'inflammation et le stress oxydatif, les antiviraux à base de plantes peuvent aider les personnes atteintes du VIH. Plusieurs herbes, dont le chardon-Marie, la racine de réglisse, l'échinacée et l'astragale, ont été étudiées pour leurs éventuels bienfaits sur la santé des personnes séropositives au VIH. Cependant, il est essentiel de combiner ces herbes avec la TAR et de le faire avec l'aide d'un professionnel de la santé compétent. Les personnes séropositives au VIH peuvent utiliser en toute sécurité et efficacité les traitements à base de plantes en suivant les dosages et les techniques de préparation recommandés et en choisissant des herbes de haute qualité auprès de fournisseurs fiables.

Hépatite

L'hépatite est une maladie virale du foie qui peut être causée par divers virus, tels que l'hépatite A, B et C. Bien qu'il existe des médicaments disponibles pour traiter l'hépatite, les antiviraux à base de plantes peuvent offrir des avantages supplémentaires en soutenant le foie et le système immunitaire et en réduisant l'inflammation.

La plante chardon-Marie a été étudiée pour ses avantages potentiels chez les patients atteints d'hépatite. La silymarine, une substance qui a été trouvée pour avoir des propriétés antioxydantes et anti-inflammatoires, est un composant du chardon-Marie. Le chardon-

Marie peut également soutenir le renouvellement des cellules hépatiques et la protection du foie.

La racine de réglisse est une autre plante qui a été étudiée pour ses avantages potentiels chez les patients atteints d'hépatite. La glycyrrhizine, une substance présente dans la racine de réglisse, a prouvé avoir des effets antiviraux contre l'hépatite C. De plus, la racine de réglisse peut réduire le stress oxydatif du foie et l'inflammation.

Une autre plante qui pourrait aider les personnes atteintes d'hépatite est le schisandra. Il a été démontré que le schisandra possède des propriétés hépatoprotectrices, ce qui signifie qu'il peut aider à protéger le foie contre les dommages. De plus, le schisandra peut contribuer à réduire l'inflammation et le stress oxydatif, qui peuvent être augmentés chez les personnes atteintes d'hépatite.

Une autre plante qui pourrait être utile pour les personnes atteintes d'hépatite est le curcuma. La curcumine, une substance présente dans le curcuma, a démontré avoir des propriétés anti-inflammatoires et antioxydantes. Le curcuma peut également soutenir le renouvellement des cellules hépatiques et la protection du foie.

Il est essentiel de se rappeler que bien que ces herbes puissent aider les personnes atteintes d'hépatite, elles ne doivent pas être prises à la place des médicaments sur ordonnance. Le traitement habituel de l'hépatite est médicamenteux, ce qui est essentiel pour contrôler l'infection et prévenir les dommages au foie. Les traitements à base de plantes doivent être utilisés en association avec des médicaments sur ordonnance et avec l'aide d'un professionnel de la santé qualifié.

De plus, il est essentiel de choisir des herbes de haute qualité auprès de fournisseurs fiables et de suivre les dosages et les techniques de préparation recommandés. Avant de commencer tout traitement à base de plantes, il est essentiel de discuter de leur utilisation avec un professionnel de la santé, car les herbes peuvent interagir avec certains médicaments.

En conclusion, les antiviraux à base de plantes peuvent offrir des avantages aux personnes atteintes d'hépatite en soutenant le foie et le système immunitaire et en réduisant l'inflammation. Plusieurs plantes, dont le chardon-Marie, la racine de réglisse, le schisandra et le curcuma, ont été étudiées pour leurs avantages potentiels chez les personnes atteintes d'hépatite. Cependant, il est essentiel de combiner ces herbes avec des médicaments sur ordonnance et de le faire sous la supervision d'un professionnel de la santé qualifié. Les patients atteints d'hépatite peuvent incorporer en toute sécurité et efficacement des traitements à base de plantes dans leur routine quotidienne en suivant les dosages et les techniques de préparation recommandés, ainsi qu'en choisissant des herbes de haute qualité auprès de fournisseurs fiables.

VPH

Une infection sexuellement transmissible courante appelée le virus du papillome humain (VPH) a été associée au cancer du col de l'utérus ainsi qu'aux verrues génitales. Bien que des vaccins contre le VPH soient disponibles pour se protéger contre l'infection, les antiviraux à base de plantes peuvent également aider le système immunitaire et réduire l'inflammation.

Une plante appelée l'astragale a été étudiée pour ses éventuels avantages pour la santé des personnes atteintes du VPH. Selon des recherches, l'astragale possède des effets immunomodulateurs, ce qui signifie qu'il peut réguler le système immunitaire. L'astragale peut également aider à réduire l'inflammation et à améliorer le fonctionnement des systèmes digestif et respiratoire.

L'échinacée est une autre plante qui a été étudiée pour ses éventuels avantages pour les personnes atteintes du VPH. Il a été démontré que l'échinacée possède des propriétés immunomodulatrices qui pourraient améliorer la réponse du système immunitaire aux infections virales. L'échinacée peut également aider à réduire l'inflammation et à améliorer l'état des systèmes digestif et respiratoire.

Une autre plante qui peut aider les personnes atteintes du VPH est la racine de réglisse. La glycyrrhizine, une substance présente dans la racine de réglisse, a été démontrée pour ses effets antiviraux contre le VPH. La racine de réglisse peut également aider à réduire l'inflammation et à améliorer l'état des systèmes digestif et respiratoire.

Une autre herbe qui peut aider les personnes atteintes du VPH est l'hydraste du Canada. L'hydraste du Canada a été démontrée pour ses propriétés antimicrobiennes et peut aider à réduire l'inflammation.

L'hydraste du Canada peut également soutenir le fonctionnement des systèmes digestif et respiratoire.

Il est essentiel de se rappeler que bien que ces herbes puissent aider les personnes atteintes du VPH, elles ne doivent pas être utilisées à la place des vaccins ou des soins médicaux. La meilleure méthode pour prévenir l'infection par le VPH et l'apparition de cancers associés est la vaccination. Il est essentiel de suivre les dosages et les techniques de préparation recommandés, ainsi que de discuter de l'utilisation des traitements à base de plantes avec un professionnel de la santé.

De plus, il est essentiel de choisir des herbes de haute qualité auprès de fournisseurs fiables. Les herbes peuvent interagir avec des médicaments et ne conviennent peut-être pas à tout le monde, notamment aux femmes enceintes ou allaitantes, aux personnes atteintes de certaines affections médicales ou aux jeunes enfants. Avant de commencer tout traitement à base de plantes, il est essentiel de discuter de leur utilisation avec un professionnel de la santé.

En conclusion, les antiviraux à base de plantes peuvent offrir des avantages aux personnes atteintes du VPH en soutenant le système immunitaire et en réduisant l'inflammation. Plusieurs herbes, dont l'astragale, l'échinacée, la racine de réglisse et l'hydraste du Canada, ont été étudiées pour leurs avantages potentiels pour la santé des personnes atteintes du VPH. Cependant, il est essentiel de combiner ces herbes avec des médicaments ou des vaccinations et de le faire sous la supervision d'un professionnel de la santé qualifié. Les personnes atteintes du VPH peuvent incorporer en toute sécurité et efficacement des traitements à base de plantes dans leur routine quotidienne en suivant les dosages et les techniques de préparation recommandés, ainsi qu'en choisissant des herbes de haute qualité auprès de fournisseurs fiables.

COVID-19

Les avantages potentiels des antiviraux à base de plantes pour renforcer le système immunitaire et soulager les symptômes ont suscité davantage d'attention à la suite de la pandémie de COVID-19. Bien qu'il y ait peu de recherches sur l'utilisation d'antiviraux à base de plantes, en particulier pour le COVID-19, de nombreuses herbes ont été étudiées pour leurs avantages potentiels dans le traitement d'autres infections virales et peuvent offrir des avantages similaires pour les personnes atteintes du COVID-19.

L'échinacée est une herbe qui a été étudiée pour ses avantages potentiels dans le traitement des infections virales, notamment le rhume et la grippe. Selon des recherches, l'échinacée possède des propriétés immunomodulatrices qui peuvent aider à contrôler la réaction du système immunitaire aux infections virales. L'échinacée peut également favoriser la santé respiratoire et réduire l'inflammation.

La racine de réglisse est une autre herbe qui peut être utile pour les personnes atteintes du COVID-19. La glycyrrhizine, une substance présente dans la racine de réglisse, a démontré une activité antivirale contre différents coronavirus, y compris le SARS-CoV-1. La racine de réglisse peut également aider à réduire l'inflammation et à favoriser la santé respiratoire.

Une autre plante en cours de recherche pour son potentiel à guérir les maladies virales telles que la grippe et le rhume est l'andrographis. Les propriétés immunomodulatrices de l'andrographis ont été démontrées, et elle pourrait être en mesure de réduire l'intensité et la durée des symptômes respiratoires.

Une autre herbe qui pourrait aider les personnes atteintes du COVID-19 est l'origan. L'origan contient du carvacrol et du thymol, des composés qui ont montré des propriétés antivirales contre d'autres coronavirus, tels que le SARS-CoV-1. L'origan peut également aider à réduire l'inflammation et à favoriser la santé respiratoire.

En plus de ces herbes, d'autres traitements à base de plantes peuvent être avantageux pour les patients atteints du COVID-19. Des exemples de nutriments ayant fait leurs preuves pour renforcer le système immunitaire comprennent la vitamine C et le zinc, qui peuvent aider à réduire l'intensité et la durée des symptômes respiratoires. Les probiotiques peuvent également avoir des effets positifs en favorisant la santé intestinale, qui est liée à la fonction immunitaire.

Il est essentiel de se rappeler que bien que ces plantes et traitements à base de plantes puissent être bénéfiques pour les personnes atteintes du COVID-19, ils ne doivent pas être utilisés à la place des soins médicaux. Il est essentiel de suivre les procédures de traitement recommandées pour le COVID-19 et de consulter un médecin si les symptômes se développent ou s'aggravent.

De plus, il est essentiel de choisir des herbes de haute qualité auprès de fournisseurs fiables et de suivre les dosages et les techniques de préparation recommandés. Les herbes peuvent interagir avec des médicaments et peuvent ne pas convenir à tout le monde, notamment aux femmes enceintes ou allaitantes, aux personnes atteintes de certaines affections médicales ou aux jeunes enfants. Avant de commencer tout traitement à base de plantes, il est essentiel de discuter de leur utilisation avec un professionnel de la santé.

Malgré le manque de recherches sur l'utilisation d'antiviraux à base de plantes, en particulier pour le COVID-19, certaines herbes ont été étudiées pour leur utilité potentielle dans le traitement d'autres maladies virales et peuvent offrir des avantages similaires pour les patients atteints du COVID-19. Plusieurs herbes, dont l'échinacée, la racine de réglisse et l'andrographis, ont été étudiées pour leur valeur thérapeutique potentielle dans la gestion des infections virales. De plus, des traitements naturels tels que la vitamine C, le zinc et les probiotiques peuvent renforcer le système immunitaire et réduire l'intensité des symptômes. Il est important d'utiliser ces herbes et ces remèdes naturels en association avec un traitement médical et sous la supervision d'un professionnel de la santé qualifié. Les personnes atteintes du COVID-19 peuvent incorporer en toute sécurité et efficacement des traitements à base de plantes dans leur pratique de soins de santé quotidienne en suivant les dosages et les techniques de préparation recommandés, en choisissant des herbes de haute qualité auprès de sources fiables, et en suivant les dosages et les procédures de préparation prescrits.

Autres infections virales

Les défenses naturelles du corps contre les infections virales ont longtemps été soutenues par l'utilisation d'antiviraux à base de plantes. Ils peuvent fournir un soutien supplémentaire à ceux qui ont des infections virales, mais ne doivent pas être utilisés à la place des soins médicaux. Les antiviraux à base de plantes les plus populaires pour différentes maladies virales seront abordés dans cette section.

La mélisse est une herbe depuis longtemps appréciée pour ses effets apaisants et antiviraux. Elle contient des substances aux propriétés antivirales contre de nombreux virus, y compris le virus de l'herpès simplex (VHS), responsable des boutons de fièvre et de l'herpès génital. La mélisse peut être consommée sous forme de complément alimentaire ou appliquée localement sous forme de crème. Une étude menée sur l'utilisation de la crème à la mélisse chez des personnes atteintes de boutons de fièvre récurrents a révélé qu'elle réduisait la fréquence et la durée des épidémies.

Le sureau est depuis longtemps apprécié pour ses effets antiviraux et est une herbe courante pour le soutien immunitaire. Il contient des substances aux propriétés antivirales contre de nombreux virus, y compris le virus de la grippe. Le sureau peut être pris sous forme de sirop ou de complément alimentaire. Une étude sur l'utilisation du sirop de sureau chez les patients a rapporté une diminution de l'intensité et de la durée des symptômes de la grippe.

Pour sa capacité à renforcer le système immunitaire et à lutter contre les microbes, l'ail est une herbe bien connue. Il contient des substances qui ont été démontrées comme ayant des actions antivirales contre de nombreux virus, notamment le virus respiratoire syncytial (VRS) et le rhinovirus humain (RVH), qui sont les principales causes du rhume. Vous pouvez utiliser de l'ail par voie orale sous forme de complément alimentaire ou dans votre alimentation.

L'astragale est une herbe qui est traditionnellement utilisée en médecine chinoise pour ses propriétés de renforcement du système immunitaire et antivirales. Elle contient des substances ayant des propriétés antivirales contre divers virus, y compris les virus de l'hépatite B et C. La supplémentation par voie orale avec de l'astragale est possible, et on la trouve également dans des préparations à base de plantes.

Historiquement, la feuille d'olivier a été utilisée pour ses propriétés antivirales et antibactériennes. Le virus respiratoire syncytial (VRS) et le virus de la grippe sont seulement deux exemples des virus contre lesquels elle a démontré des effets antiviraux. Elle contient des produits chimiques ayant ces mêmes propriétés. La feuille d'olivier est un complément alimentaire qui peut être pris par voie orale ou utilisé dans des préparations à base de plantes.

L'andrographis est une herbe qui est utilisée depuis longtemps en médecine ayurvédique en raison de sa capacité à renforcer le système immunitaire et à lutter contre les virus. Elle contient des substances ayant des propriétés antivirales contre de nombreux virus, notamment le virus du VIH et le virus de la grippe. L'andrographis est un complément alimentaire qui peut être consommé ou utilisé dans des préparations à base de plantes.

La griffe de chat est une herbe qui est traditionnellement utilisée pour ses propriétés de renforcement du système immunitaire et antimicrobiennes. Elle contient des ingrédients qui ont été démontrés comme ayant des propriétés antivirales contre de nombreux virus, notamment le VIH et le virus de l'herpès simplex (VHS). Il est possible de consommer la griffe de chat par voie orale sous forme de complément alimentaire ou de l'ajouter dans des préparations à base de plantes.

Il est important de se rappeler que bien que ces herbes puissent aider les personnes atteintes d'infections virales, elles ne doivent pas être prises en remplacement des soins médicaux. Il est essentiel de suivre les procédures de traitement recommandées pour les infections virales et de consulter un médecin si les symptômes apparaissent ou s'aggravent.

De plus, il est crucial de choisir des herbes de haute qualité auprès de fournisseurs fiables et de suivre les dosages et les techniques de préparation recommandés. Les herbes peuvent interagir avec des médicaments et ne conviennent peut-être pas à tout le monde, y compris aux femmes enceintes ou allaitantes, aux personnes atteintes de certaines conditions médicales ou aux jeunes enfants. Avant de commencer tout traitement à base de plantes, il est essentiel de discuter de leur utilisation avec un professionnel de la santé.

Chapitre VI

Se préparer à la prochaine pandémie

Leçons tirées de la COVID-19

L'une des catastrophes internationales les plus significatives de ces dernières années est l'épidémie de COVID-19. Des millions de personnes ont été touchées dans le monde entier, entraînant d'importantes perturbations économiques et des décès. De plus, la pandémie nous a apporté une mine de connaissances que nous pouvons appliquer pour mieux nous préparer aux futures urgences.

La valeur de la préparation est l'une des leçons les plus cruciales tirées de la COVID-19. De nombreux pays n'étaient pas préparés à la pandémie, et leurs systèmes de santé n'étaient pas prêts à faire face à la demande soudaine en fournitures médicales. Il est donc crucial de disposer de systèmes de santé publique solides et suffisamment financés pour répondre aux urgences et aider les personnes les plus vulnérables.

Nous avons également compris l'importance de la coopération internationale. La pandémie a montré que nous sommes tous interconnectés et que la propagation du virus dans une partie du monde peut rapidement avoir des répercussions sur le reste de la planète. Par conséquent, la coopération au-delà des frontières nationales est essentielle pour partager des informations et des ressources, ainsi que pour soutenir les personnes les plus vulnérables.

La pandémie a également souligné l'importance de la prise de décision fondée sur des preuves. Il a été crucial de s'appuyer sur des preuves scientifiques pour façonner notre réaction, car il y a eu beaucoup de désinformation et d'incertitude concernant la COVID-19. Cela a montré l'importance du financement de la recherche et de la collecte de données, qui peuvent favoriser des réponses efficaces aux crises et influencer les décisions politiques.

La pandémie a également mis en lumière l'importance de l'innovation et de la technologie. De nombreux pays ont eu recours à la technologie pour suivre et surveiller la progression du virus, élaborer des traitements et des vaccins, et communiquer avec leurs citoyens. Cela a montré le potentiel de la technologie pour soutenir la santé publique, ainsi que l'importance de l'investissement dans la recherche et le développement dans ce domaine.

L'importance de la gentillesse et de l'empathie a également été mise en lumière par la pandémie. La pandémie a causé de grandes difficultés à de nombreuses personnes, il est donc essentiel de compatir et d'aider ceux qui souffrent. Cela a montré l'importance de la communauté et la nécessité de veiller les uns sur les autres en période difficile.

Nous avons appris de la pandémie à quel point la santé mentale est importante. De nombreuses personnes ont connu un stress et une anxiété importants en raison de la pandémie, ce qui rend essentiel de donner à la santé mentale une priorité égale au soutien de la santé physique. Cela a souligné la nécessité d'une approche plus globale de la santé qui tienne compte de la santé mentale et émotionnelle des personnes en plus de leur santé physique.

Enfin, la pandémie a montré l'importance de la résilience. Malgré les défis importants posés par la pandémie, les individus et les communautés du monde entier ont fait preuve d'une remarquable résilience et capacité d'adaptation. Cela nous a démontré notre capacité à travailler ensemble, à nous encourager mutuellement et à surmonter les obstacles, même en période de difficulté.

En conclusion, la pandémie de COVID-19 nous a apporté une mine de connaissances sur l'importance de la préparation, de la coopération internationale, de la prise de décision fondée sur des preuves, de la technologie et de l'innovation, de l'empathie et de la gentillesse, de la santé mentale et de la résilience. Ces leçons seront cruciales pour faire face aux défis continus posés par la pandémie et pour nous préparer aux futures urgences. En mettant en pratique ces principes et en travaillant ensemble, nous pouvons créer un monde plus résilient et mieux préparé à affronter les défis que l'avenir pourrait nous réserver.

Comment se préparer à la prochaine pandémie

La pandémie de COVID-19 a clairement montré à quel point il est essentiel de se préparer à une urgence de santé mondiale. Bien que personne ne puisse prédire quand surviendra la prochaine pandémie, il est essentiel de prendre des mesures proactives pour en atténuer l'impact. Dans ce chapitre, nous examinerons les moyens par lesquels les individus, les communautés et les gouvernements peuvent se préparer à la prochaine épidémie.

Pour être pleinement préparé à une pandémie, il est essentiel de renforcer le système de santé publique. Cela implique d'avoir une quantité adéquate de fournitures médicales, de personnel médical et d'équipements de protection individuelle. Un système de communication efficace est également nécessaire pour transmettre des informations et fournir des directives lors d'une pandémie.

Un système de surveillance mondial complet capable d'identifier et de lutter contre les maladies infectieuses émergentes est nécessaire. Un réseau de laboratoires et de spécialistes chargés de surveiller les épidémies potentielles, de partager des connaissances et de fournir des conseils devrait faire partie de ce système.

Les vaccins sont essentiels pour prévenir la propagation des maladies infectieuses. Pour développer rapidement et efficacement des vaccins, les gouvernements et les sociétés pharmaceutiques doivent investir dans la recherche et le développement. De plus, il doit y avoir un accès équitable aux vaccins pour garantir que chacun, quelle que soit sa situation socio-économique, ait la possibilité de se protéger.

Les médicaments antiviraux sont essentiels pour traiter les infections virales. Les médicaments antiviraux doivent faire l'objet de recherches et de développements afin de lutter contre divers virus.

Les gouvernements et les sociétés pharmaceutiques doivent également veiller à ce que ces traitements soient largement accessibles et abordables.

L'éducation à la santé est cruciale pour la préparation à une pandémie. L'éducation concernant l'importance d'une bonne hygiène des mains, le maintien de la distanciation sociale et le port de masques pendant les pandémies est essentielle. L'éducation doit être dispensée à l'école et tout au long de la vie d'une personne.

Pour garantir leur préparation à une pandémie, les gouvernements et les communautés doivent élaborer des plans d'intervention d'urgence. Ces plans devraient inclure des mesures de communication, de prévention des infections et d'allocation des ressources.

L'accès aux soins de santé est un problème majeur pendant les pandémies. Les gouvernements doivent veiller à ce que chacun, quelle que soit sa situation socio-économique, ait accès aux soins de santé. De plus, des mesures doivent être prises pour aider financièrement les personnes qui ne peuvent pas se permettre les soins de santé.

Les pandémies peuvent causer d'importants troubles psychologiques. Pendant les pandémies, les gouvernements et les communautés devraient accorder la priorité au soutien de la santé mentale. L'accès aux services communautaires, aux lignes d'assistance et aux spécialistes de la santé mentale devrait faire partie de ce soutien.

La pandémie de COVID-19 a révélé les lacunes dans la chaîne de distribution des fournitures médicales et de l'équipement. Pour garantir qu'il y ait un approvisionnement suffisant en fournitures médicales et en équipements pendant les pandémies, les gouvernements et les établissements de santé doivent collaborer pour construire des chaînes d'approvisionnement résilientes.

De nombreuses maladies infectieuses qui touchent les êtres humains sont d'origine zoonotique, ce qui signifie qu'elles ont une origine animale. Pour être prêt à une pandémie, il est essentiel de promouvoir la recherche sur les maladies zoonotiques et sur leur mode de propagation. Les gouvernements devraient financer des recherches pour en apprendre davantage sur la transmission des maladies zoonotiques et sur la façon de l'arrêter.

En conclusion, être préparé à une pandémie est crucial pour réduire les effets des maladies infectieuses. Les gouvernements, les communautés et les individus devraient prendre des mesures proactives pour renforcer l'infrastructure de santé publique, développer un système mondial de surveillance, investir dans la recherche et le développement de vaccins, développer des médicaments antiviraux, investir dans l'éducation à la santé, élaborer des plans d'intervention d'urgence, garantir un accès équitable aux soins de santé, mettre l'accent sur le soutien en santé mentale, renforcer les chaînes d'approvisionnement et encourager la recherche sur les maladies zoonotiques. En collaborant, nous pouvons mieux nous préparer à la prochaine pandémie.

Renforcer l'immunité

Afin de défendre le corps contre des envahisseurs dangereux tels que les bactéries, les virus et les parasites, le système immunitaire humain est un réseau complexe de cellules, de tissus et d'organes. Nos systèmes immunitaires travaillent en permanence pour nous maintenir en bonne santé, mais ils peuvent être compromis par divers facteurs, tels que la pollution, une mauvaise alimentation, le stress et le manque de sommeil. Dans cette section, nous examinerons comment renforcer votre système immunitaire pour être en meilleure santé en général et réduire votre risque de tomber malade.

Manger une alimentation saine et équilibrée est l'une des choses les plus cruciales que vous puissiez faire pour renforcer votre système immunitaire. Une alimentation riche en aliments entiers tels que les fruits, les légumes, les céréales complètes, les protéines maigres et les graisses saines fournira à votre corps les nutriments dont il a besoin pour fonctionner de manière optimale. Les agrumes, les baies, l'ail, le gingembre et le curcuma sont quelques exemples d'aliments ayant des propriétés stimulant le système immunitaire qui sont simples à intégrer dans votre alimentation.

Maintenir un système immunitaire fort nécessite de boire suffisamment d'eau. L'eau garde nos cellules et nos tissus hydratés et aide à éliminer les toxines du corps. Visez huit verres d'eau par jour, et si vous faites régulièrement de l'exercice ou si vous vivez dans un climat chaud, buvez davantage.

Pour que notre système immunitaire fonctionne correctement, il faut bien dormir. Notre corps produit des cytokines pendant notre sommeil, une sorte de protéine qui aide à lutter contre les infections et l'inflammation. La privation chronique de sommeil peut affaiblir notre système immunitaire et augmenter notre susceptibilité aux maladies. Visez sept à neuf heures de sommeil par nuit pour soutenir un système immunitaire sain.

Notre système immunitaire peut être endommagé par le stress prolongé, ce qui augmente notre susceptibilité aux maladies. Trouver des techniques pour faire face au stress, comme le yoga, la méditation ou l'activité physique, peut contribuer à réduire ses effets néfastes sur notre système immunitaire et à améliorer notre santé générale.

Il a été constaté que l'exercice régulier renforce notre système immunitaire car il produit davantage d'anticorps et de globules blancs, qui luttent contre les infections. L'exercice aide également à réduire le stress et à améliorer le sommeil, ce qui sont essentiels pour maintenir un système immunitaire fort. Essayez de faire au moins 30 minutes d'activité modérée la plupart des jours de la semaine.

Notre système immunitaire peut s'affaiblir et notre risque de tomber malade à cause de l'exposition à des polluants tels que la fumée de tabac, la pollution de l'air et les produits chimiques. Limitez votre exposition à ces toxines autant que possible et envisagez d'utiliser des produits de nettoyage naturels et des produits de soins personnels pour réduire votre exposition aux produits chimiques.

Il existe des preuves que certains compléments alimentaires, notamment les probiotiques, la vitamine C, la vitamine D et le zinc, peuvent renforcer le système immunitaire. Avant de prendre des compléments alimentaires, consultez votre médecin car ils peuvent interagir avec vos médicaments sur ordonnance ou avoir des effets indésirables.

En conclusion, le système immunitaire est essentiel pour défendre notre corps contre les intrus dangereux. Nous pouvons renforcer notre système immunitaire et améliorer notre santé générale en adoptant de bonnes habitudes de vie, notamment une alimentation équilibrée, une hydratation adéquate, un sommeil suffisant, la gestion du stress, l'exercice régulier, la réduction de l'exposition aux polluants et l'utilisation de compléments alimentaires stimulant le système immunitaire. Gardez à l'esprit que le renforcement de l'immunité est un processus continu et que de modestes changements peuvent avoir un impact significatif avec le temps.

Prévenir la propagation des infections

Il est absolument nécessaire de prendre des mesures pour arrêter la propagation des maladies afin de protéger la santé et le bien-être des personnes et des communautés. Il est plus vital que jamais d'adopter des mesures préventives pour arrêter la propagation des maladies infectieuses et des pandémies, compte tenu de l'augmentation du nombre de maladies infectieuses et de pandémies. Dans cette section, nous discuterons de diverses stratégies pouvant être utilisées pour prévenir la propagation contagieuse des maladies.

L'hygiène des mains est l'un des facteurs les plus importants pour limiter la transmission des maladies infectieuses. Il est possible d'éliminer les bactéries potentiellement dangereuses de vos mains en les lavant soigneusement avec du savon et de l'eau pendant au moins vingt secondes. Des désinfectants pour les mains contenant au moins 60 % d'alcool peuvent être utilisés en remplacement du savon et de l'eau dans des situations où aucun des deux n'est disponible.

Il est nécessaire de se laver les mains régulièrement, en particulier après être allé aux toilettes, avant et après la préparation des aliments et après avoir toussé ou éternué. Il est également essentiel de se laver les mains après avoir touché des surfaces susceptibles d'être contaminées. Il est également très important d'encourager les autres personnes à maintenir une bonne hygiène des mains pour prévenir la propagation des maladies.

Lorsque vous toussez ou éternuez, il est important de couvrir votre bouche et votre nez afin d'aider à éviter la transmission des maladies. L'acte de tousser ou d'éternuer provoque l'émission de gouttelettes, dont certaines peuvent contenir des germes dangereux pour les autres. Vous pouvez aider à contenir ces gouttelettes et à les empêcher de se propager aux autres en couvrant votre bouche et votre nez avec le coude ou un mouchoir. Cela empêchera les gouttelettes de pénétrer dans votre système.

Pour prévenir la transmission des germes, il est essentiel de se débarrasser rapidement des mouchoirs usagés en les jetant à la poubelle et de se laver les mains par la suite.

Le maintien d'une distance physique entre les personnes est une approche permettant de prévenir la propagation des maladies infectieuses, appelée distanciation sociale. La distance recommandée est de deux mètres, soit l'équivalent de six pieds. Cette distance peut contribuer à réduire le risque d'être exposé aux gouttelettes émises par une personne infectée.

Le concept de distanciation sociale peut être appliqué dans divers contextes, notamment au travail, à l'école et dans les lieux publics. Pour arrêter la transmission des maladies, il est essentiel de rester à distance des personnes malades ou susceptibles d'être déjà infectées.

Le port d'un masque peut aider à prévenir la transmission des maladies en limitant la quantité de gouttelettes émises par la bouche et le nez. Une personne qui porte un masque peut également bénéficier d'une protection contre l'inhalation de bactéries potentiellement dangereuses.

Les masques sont fortement recommandés par les Centers for Disease Control and Prevention (CDC) pour une utilisation dans les lieux publics, en particulier dans les situations où la distanciation sociale ne peut pas être maintenue. Les masques doivent pouvoir couvrir la bouche et le nez, et ils doivent être bien ajustés sur le visage.

Il est possible de contribuer à prévenir la transmission des maladies en nettoyant et en désinfectant soigneusement les surfaces fréquemment touchées, telles que les poignées de porte, les interrupteurs lumineux et les plans de travail. Il est essentiel d'utiliser des désinfectants approuvés par l'EPA et de suivre les directives d'utilisation fournies par le fabricant.

Un espace bien ventilé peut contribuer à réduire le nombre de germes présents dans l'air et à prévenir la propagation des maladies infectieuses. Il est primordial de veiller à ce que les espaces intérieurs, en particulier ceux où les personnes se rassemblent, bénéficient d'une ventilation adéquate.

L'augmentation de la ventilation en ouvrant les fenêtres et les portes, en utilisant des purificateurs d'air et en entretenant les systèmes de chauffage, de ventilation et de climatisation sont autant de moyens pouvant contribuer à réduire le risque de transmission des infections et à augmenter la ventilation.

Le maintien de bonnes habitudes de santé, telles que le fait de bien dormir, de faire régulièrement de l'exercice et de manger équilibré, peut aider à renforcer le système immunitaire et à réduire le risque d'infections. Étant donné que le tabagisme et la consommation excessive d'alcool peuvent affaiblir le système immunitaire et augmenter le risque d'infections, il est essentiel de maintenir une bonne hydratation et de s'abstenir autant que possible de ces deux addictions.

En conclusion, prévenir la propagation des maladies est l'une des choses les plus importantes que l'on puisse faire pour protéger la santé et le bien-être des individus et des communautés. Une bonne hygiène des mains, le fait de couvrir sa bouche et son nez, la distanciation sociale, le port de masques, le nettoyage et la désinfection, l'assurance d'une ventilation suffisante et le maintien de bonnes habitudes de santé sont autant de moyens qui peuvent contribuer à éviter l'apparition de pandémies et à réduire la transmission des maladies.

Conclusion

Résumé des points clés

Lorsqu'il s'agit de la prévention et du traitement des infections virales, les antiviraux à base de plantes peuvent être un complément très utile aux pratiques médicales conventionnelles. Ils sont utilisés depuis des siècles, mais ces dernières années, en raison de la pandémie de COVID-19, ils suscitent un regain d'intérêt. Les antiviraux à base de plantes sont efficaces car ils renforcent le système immunitaire, stoppent la multiplication des virus et réduisent l'inflammation. Cependant, il est important de noter qu'ils ne doivent pas être utilisés en remplacement d'un traitement médical, mais plutôt en complément de la médecine traditionnelle.

Lors de la sélection et de l'obtention de plantes de qualité, il est essentiel de les acheter auprès de sources fiables et de prendre en compte la possibilité qu'elles aient été falsifiées ou contaminées. Il est possible de préparer des antiviraux à base de plantes sous différentes formes, telles que des teintures, des thés ou des gélules ; cependant, les dosages et les préparations doivent être strictement respectés pour garantir à la fois leur sécurité et leur efficacité.

Le sureau, l'échinacée, l'andrographis, la racine de réglisse, l'ail, le gingembre, la feuille d'olivier, la souci, la mélisse, le millepertuis, la griffe de chat, l'astragale, l'hydraste du Canada, le champignon reishi, le curcuma, l'origan, le thym, la sauge et la menthe poivrée sont quelques-uns des antiviraux à base de plantes les plus largement utilisés. Chacune de ces plantes possède un ensemble distinct de caractéristiques et d'avantages, et bien qu'elles soient toutes utiles, certaines peuvent être plus utiles que d'autres dans le traitement de certaines infections virales.

Bien que les antiviraux à base de plantes puissent être utilisés pour traiter diverses infections virales, il est important de noter qu'ils ne sont pas un remède contre des virus tels que le VIH ou l'hépatite. Cependant, ils peuvent être utilisés en tant qu'option thérapeutique en complément de la médecine conventionnelle et ont le potentiel d'aider à réduire les symptômes et à améliorer la santé générale.

Les leçons tirées de la pandémie de COVID-19 comprennent l'importance de l'équité en matière de soins de santé, la nécessité d'améliorer les techniques de planification et de réponse aux pandémies, ainsi que le rôle vital que jouent les mesures de santé publique telles que la vaccination, les tests et la recherche des contacts pour limiter la propagation des maladies infectieuses.

En conclusion, les herbes antivirales ont le potentiel d'être un élément important tant dans la prévention que dans le traitement des infections virales. Lorsqu'elles sont utilisées en complément d'un traitement conventionnel et sous la direction d'un professionnel de la santé qualifié, leur utilisation est non seulement sûre, mais aussi très efficace. Le développement de l'immunité et la mise en place de mesures visant à prévenir la propagation des maladies sont également des éléments essentiels pour atténuer les effets des pandémies et préserver la santé publique.

L'avenir des antiviraux à base de plantes

L'utilisation d'antiviraux à base de plantes gagne en popularité au fil des ans, car de plus en plus de personnes cherchent des alternatives naturelles aux médicaments synthétiques. Les antiviraux à base de plantes semblent avoir un avenir prometteur, à mesure que de plus en plus d'individus se tournent vers les thérapies naturelles pour le maintien de leur santé et le traitement de diverses maladies. Dans cette section, nous allons discuter du futur potentiel des antiviraux à base de plantes ainsi que des développements attendus dans ce domaine.

Le succès des antiviraux à base de plantes à l'avenir dépendra du niveau de recherche et de développement continu dans ce domaine. Il y a eu de grands progrès dans le traitement des infections virales ces dernières années ; cependant, il y a encore beaucoup à apprendre sur l'efficacité des différentes herbes dans le traitement des infections virales. Il est probable que les scientifiques et les chercheurs se concentreront principalement soit sur la compréhension des processus sous-jacents à l'activité antivirale des herbes, soit sur la découverte de nouvelles herbes dotées de capacités antivirales. De plus, l'accent sera de plus en plus mis sur les essais cliniques afin de déterminer l'efficacité et la sécurité des antiviraux à base de plantes.

On prévoit qu'à l'avenir, il y aura une augmentation de la combinaison de la thérapie à base de plantes avec la médecine moderne. À mesure que de plus en plus de personnes adoptent les remèdes naturels, il sera nécessaire d'établir une collaboration entre la médecine conventionnelle et les praticiens de la médecine à base de plantes. Cela impliquera l'échange de connaissances et de compétences, ainsi que la réalisation de recherches coopératives et le développement de procédures de traitement innovantes intégrant à la fois les médicaments à base de plantes et les médicaments synthétiques.

Il est probable qu'il y aura une meilleure compréhension et une plus grande acceptation des antiviraux à base de plantes en raison de la popularité croissante de la médecine à base de plantes. Cela nécessitera d'informer le grand public sur les avantages et les limites de la médecine à base de plantes, de former les professionnels de la santé en médecine à base de plantes et de mettre en place des règles pour garantir que les produits à base de plantes sont de haute qualité et ne présentent aucun risque pour la santé. La demande de recherche et de développement supplémentaires dans le secteur sera alimentée non seulement par une sensibilisation accrue et une acceptation de la médecine à base de plantes, mais aussi par cette tendance.

Dans un avenir proche, on peut également s'attendre à une augmentation de la disponibilité des antiviraux à base de plantes. Étant donné que de plus en plus de personnes s'intéressent aux traitements naturels, il y aura une demande croissante en ce qui concerne l'augmentation de la disponibilité des herbes et des produits à base de plantes. Cela impliquera le développement de chaînes d'approvisionnement garantissant la qualité et la sécurité des produits à base de plantes, la création de réseaux de distribution atteignant les populations mal desservies et la rendant plus abordable.

Il est possible que le développement des antiviraux à base de plantes à l'avenir implique la création de plans de traitement individualisés qui tiennent compte des besoins spécifiques de chaque individu. Cela nécessitera l'utilisation d'une combinaison d'herbes et de médicaments conventionnels pour traiter des infections virales spécifiques en fonction de l'histoire médicale du patient, de son bagage génétique et d'autres caractéristiques pertinentes. La personnalisation du traitement permettra de traiter les infections virales de manière plus ciblée et efficace, réduisant ainsi le risque d'effets indésirables et améliorant les résultats pour les patients.

En conclusion, il y a des raisons d'être optimiste quant à l'avenir des antiviraux à base de plantes, compte tenu de l'intérêt croissant pour les alternatives naturelles aux médicaments synthétiques. On prévoit que l'avenir des antiviraux à base de plantes sera façonné par la recherche et le développement continus, la collaboration entre la médecine conventionnelle et la médecine à base de plantes, une prise de conscience et une acceptation accrues, une accessibilité améliorée et des protocoles de traitement personnalisés. À mesure que le monde fait face à de nouvelles infections virales émergentes, le rôle de la médecine à base de plantes dans le traitement et la prévention de ces infections devrait devenir plus important que jamais.

Comment rester à jour

Il est essentiel pour tous ceux qui s'intéressent à la santé naturelle et à la médecine alternative de disposer d'une base de connaissances à jour sur les informations les plus récentes concernant les antiviraux à base de plantes et leur application dans le traitement des infections virales. Il est important d'être au courant des découvertes récentes, des tendances en développement et des procédures recommandées pour suivre l'expansion du corpus de recherche sur les antiviraux à base de plantes.

Voici quelques suggestions sur la manière de rester informé des informations les plus récentes concernant les antiviraux à base de plantes :

Suivre les conseils de sources réputées : Bien qu'il existe de nombreuses ressources en ligne proposant des informations sur la médecine à base de plantes, toutes ne peuvent pas être fiables. Recherchez des sites soutenus par des recherches scientifiques et créés par des professionnels respectés dans le domaine ayant une réputation de fourniture d'informations précises. Les revues examinées par d'autres experts du domaine, les institutions académiques et les groupes professionnels sont autant d'exemples de sources crédibles.

Participer à diverses conférences et séminaires : Participer à diverses conférences et séminaires est un excellent moyen de se tenir au courant des dernières découvertes et tendances dans le domaine de la médecine à base de plantes. Ces événements réunissent des experts et des praticiens du monde entier pour partager leurs connaissances et leurs expériences. En participant à ces événements, vous pourrez vous tenir au courant des dernières avancées de l'industrie et entrer en contact avec d'autres experts travaillant dans le même domaine.

Lire plusieurs livres et publications sur la médecine à base de plantes et la santé naturelle : De nombreuses ressources sous forme de livres et de publications sont disponibles sur ces sujets. Ces ressources ont le potentiel de fournir des connaissances précieuses sur les dernières études et les meilleures pratiques. Essayez de trouver des livres et des articles rédigés par des autorités reconnues dans le domaine et publiés par des entreprises de confiance.

Rejoindre des communautés en ligne : Les connaissances en médecine à base de plantes et en santé naturelle sont abondantes dans les communautés en ligne telles que les forums de discussion, les blogs et les groupes de médias sociaux. En participant à ces communautés, vous aurez l'occasion de vous connecter avec d'autres personnes partageant vos intérêts, d'échanger des informations et des idées, et de tirer des enseignements des expériences d'autrui.

Consulter un praticien expérimenté : Si vous envisagez d'utiliser la médecine à base de plantes pour votre santé, il est essentiel de consulter un praticien expérimenté. Un praticien peut vous fournir des conseils personnalisés sur les meilleures herbes et les dosages adaptés à vos besoins spécifiques en matière de santé. De plus, il peut vous aider à vous tenir informé des dernières recherches et des recommandations en matière de bonnes pratiques dans le secteur.

Maintenir une connaissance à jour des réglementations : Les réglementations qui régissent la médecine à base de plantes et les compléments alimentaires peuvent varier considérablement d'un pays à l'autre et d'une région à l'autre. Pour vous assurer d'utiliser les herbes de manière à la fois sûre et légale, il est essentiel de vous tenir informé des restrictions en vigueur dans votre région.

Avoir un esprit ouvert : Enfin, il est essentiel d'avoir un esprit ouvert en ce qui concerne la santé naturelle et la thérapie à base de plantes. À mesure que de plus en plus d'études sont menées dans ce domaine, de nouvelles découvertes et tendances pourraient remettre en question nos connaissances actuelles. Vous pouvez vous aider à rester informé des dernières avancées et des meilleures pratiques dans le domaine en maintenant un esprit ouvert, en étant disposé à apprendre et en vous adaptant aux nouvelles informations.

En conclusion, rester informé des dernières informations sur les antiviraux à base de plantes et leur utilisation dans le traitement des infections virales est essentiel pour toute personne intéressée par la santé naturelle et la médecine alternative. Vous pouvez vous tenir informé et prendre des décisions éclairées sur votre santé en écoutant des sources fiables, en participant à des conférences et des séminaires, en lisant des livres et des magazines, en participant à des forums en ligne, en consultant un praticien qualifié, en suivant les réglementations et en ayant un esprit ouvert.

Merci d'avoir acheté et lu/écouté notre livre.
Si vous avez trouvé ce livre utile, nous vous invitons à
prendre quelques minutes pour laisser un avis sur la
plateforme où vous avez acheté notre livre.
Vos commentaires nous sont extrêmement précieux.

Milton Keynes UK
Ingram Content Group UK Ltd.
UKHW020801241123
433194UK00016B/1066